Thea Wolf

Im Land des Lichts - Ein Streifzug durch Kabylie und Wüste

weitsuechtig

Thea Wolf

Im Land des Lichts - Ein Streifzug durch Kabylie und Wüste

ISBN/EAN: 9783956560286

Auflage: 1

Erscheinungsjahr: 2013

Erscheinungsort: Bremen, Deutschland

@ weitsuechtig in Access Verlag GmbH. Alle Rechte beim Verlag und bei den jeweiligen Lizenzgebern.

weitsuechtig

In der Oase Chetma

An einem grauen, tristen Februartage brachte uns das gehetzte Dampfroß aus der Stadt des Kaisers nach Marseille an die Pforte, die in den geheimnisvollen Orient führt. Aus Kälte, Schnee und Eis waren wir plötzlich in den Frühling versetzt, unter einen tiefblauen Himmel, in eine köstlich warme Sonne, und ein echter Frühlingssturm war gerade dabei, seine unbändige Riesenkraft zu erproben.

In Marseille sein und die berühmte Kathedrale „Notre-Dame de la Garde" nicht besuchen, wäre ungefähr dasselbe, wie in Rom weilen, ohne den Papst zu sehen.

Der Aufzug, der an einer senkrechten Felsenwand hinaufklettert, brachte uns auf die Spitze der Klippen. Aber seinen schützenden vier Wänden entronnen, war man nur noch ein Spiel des Windes. Mit größter Anstrengung kämpften wir uns das letzte Stückchen hinauf bis zum massiven, allen Stürmen trotzenden Gotteshause. Hui, wie da der Wind fauchte, jauchzte, triumphierte! Um dem wilden Sturmgesellen den Eingang zu verwehren, waren alle großen Pforten fest verschlossen, nur auf Umwegen durch ein kleines, fast verborgenes Türchen gelangte man in das Innere. Leer und verödet lag das nach Weihrauch duftende Kirchenschiff. Der junge, starke Frühling draußen hielt ihm die vielen frommen Beter fern, die mit ihrem Leid und ihrer Trübsal sonst so vertrauensvoll hierhin zur heiligen Gnadenmutter pilgern.

Mit wildem Freudengebraus empfing uns der Sturm, als wir uns wieder hinaus ins Freie wagten, und trieb uns atemlos vor sich her. Kein Wehren half. Hatte einer von uns wohl Zeit gefunden, hinunter in die Tiefe zu schauen, wo die gewaltig aufgepeitschten Wellen an den weißen scharfen

Klippen zu Schaum zerstoben, hinaus auf das schwarzblaue Meer, das in hohen dampfenden Wogen heranrollte?

„Das mag keine sehr bequeme Überfahrt werden," bemerkte einer, als wir, zwischen den vier Wänden des Aufzugs angekommen, wieder Luft schnappen konnten.

Nein, gewiß nicht. Und wir wünschten, der herrliche Frühlingssturm hätte an dem Tage gerade ein Gastspiel auf dem Mars gegeben, oder wenn es schon bei uns sein mußte, dann doch lieber einen Tag später.

Gasse in der Kasba (Algier)

An Bord des „Charles Roux"

Wir hatten ihn gewählt, weil er uns als der beste und schnellste Dampfer der ganzen Linie bezeichnet worden war. Nur wenige Passagiere fanden sich ein. Das überraschte uns nicht, denn im Hotel und von den Gepäckträgern hatten wir bereits erfahren, daß eine ganze Anzahl Reisender des Wetters wegen ihre Fahrt verschoben hätten. Die Erinnerung an das schreckliche Ende des „General Chancy", der wenige Tage vorher auf dem Wege nach Algier mit Mann und Maus untergegangen war, wirkte noch lähmend nach. Auch dem Kapitän und den Matrosen schien der Frühlingssturm in den Gliedern zu liegen: der eine schrie, die anderen schimpften, und nirgends konnte man etwas von der ruhigen und besonnenen Art bemerken, die auf deutschen und englischen Schiffen so angenehm berührt.

Hätten wir nicht auch lieber warten sollen, bis sich der Sturm gelegt hatte? Aber während wir noch über die Frage debattierten, war die letzte Fessel, die das Boot an der Kaimauer festhielt, gefallen, und ein kleiner, keuchender, wüst aussehender Schlepper bugsierte unser Schiff aus dem Hafen. Nach kurzer Zeit schon hatten die über das Deck sich ergießenden Sturzwellen auch den Mutigsten in das Innere des Schiffes getrieben. Die Hoffnung, daß der Sturm gegen Abend abflauen würde, wie es ja häufig der Fall ist, erfüllte sich nicht. Je näher die Nacht kam, desto wilder gebärdete sich das Meer. Es hob unser armes Boot auf den Gipfel der höchsten Welle und warf es erbarmungslos hinunter in die Tiefe, daß es in allen Fugen krachte und schauerlich ächzte und stöhnte. Wie ausgestorben war das Innere. Nicht das geringste Zeichen eines menschlichen Wesens. Selbst der Steward schien verschwunden — kein Klingelruf brachte ihn herbei. Aber schließlich ging auch diese Nacht voll Qual und Schrecken vorüber, und eine strahlende Morgensonne grüßte uns.

Gegen Mittag tauchten die Bergspitzen von Algier in blauer Ferne auf. Welche Freude dieser Anblick in all den armen Reisenden auslöste, deren Gesichter noch deutlich die Spuren der überstandenen Qualen zeigten!

Je mehr wir uns dem neuen, unbekannten, fremdartigen Erdteil näherten, desto herrlicher entwickelte sich das Bild. Im Vordergrunde das türkisblaue Meer, an den Abhang des Berges geschmiegt, dessen Fuß im Meere steht, die marmorweiße Stadt, und rechts und links, soweit das Auge reichte, grünende Hügel und sanftlila schimmernde Bergkuppen. Als Baldachin ein Himmel von einer ganz unwahrscheinlichen Bläue und eine Sonne, ach! eine Sonne, die nur d e r völlig zu würdigen weiß, der gerade fünf Monate nordischen Winters hinter sich hat. Und welch ein Farbengemisch, welch ein buntbelebtes Bild auf dem Kai! Vom hellsten Braun bis zum tiefsten Schwarz sind alle Rassen vertreten. Schlanke, geschmeidige Gestalten, die mit affenartiger Geschicklichkeit aufs Schiff klettern und, ehe man sich versieht, mit dem Gepäck auf und davon sind.

Der Zoll wird nur gelinde gehandhabt. Auf frische Blumen aber wird streng gefahndet, und schon sollte ich für den Veilchenstrauß, mit dem ich mich geschmückt hatte, die nötigen Abgaben entrichten, als man entdeckte, daß er nur ein Kunstprodukt war, und wir wurden mit einer Entschuldigung entlassen. Ich glaubte zu bemerken, daß meine Veilchen vor lauter Freude erröteten — wie schön mußten sie sein, daß selbst das scharfe Auge eines Zollbeamten sie mit ihren echten Schwestern verwechselte!

Um ein Uhr, also vierundzwanzig Stunden nach der Abfahrt von Marseille, standen wir staunend und entdeckungsfreudig auf afrikanischem Boden.

Frauen aus dem Volke in Algier

Algier

Bekannt und doch fremd mutet diese afrikanische Stadt einen beim ersten Beschauen an. Da sind breite, wohlgepflegte Straßen, von Feigen- und Eukalyptusbäumen beschattet. Elektrische Bahnen vermitteln den Verkehr, in den Auslagen der Läden prangen die letzten Erzeugnisse der europäischen Mode, die Firmenschilder tragen fast durchweg französische Namen. Elegante Automobile flitzen dahin, und Radler jagen mit ihnen um die Wette — das alles könnte ebensogut in Paris sein. Aber die Atmosphäre ist eine andere, grundverschiedene. Es schwebt ein Duft in der Luft, den man nie und nimmer mit dem Parfüm eines Pariser Boulevards verwechseln würde.

Und erst die verschiedenen Menschen, die dieses Straßenbild beleben! Da schreiten gemächlichen Schrittes zwischen den dahineilenden lebhaften Franzosen die hohen Gestalten der Araber, beturbant und beburnust. Neben ihren Eselsfuhrwerken marschieren mit ernsten Gesichtern die sehnigen Kabylen. Araberinnen, jedoch nur Frauen niederen Standes, wandern zwischen den Passanten. Von Kopf bis Fuß in weite leinene Gewänder gehüllt, gleichen sie weißen wandelnden Wäschebündeln. Kein Fleckchen des Körpers ist unbedeckt, nur ein dunkles Auge lugt zwischen dem geschickt gerafften großen Kopfschal hervor.

Auf dem belebten Stadtplatz, wo stolze Palmen und gigantische Bambussträucher ihre Blätter im Winde wiegen, tritt das afrikanische Element stark in die Erscheinung und bietet dem europäischen Fremdling ein neues, fesselndes Bild. In der prallen Sonne fühlen sie sich zu Hause, diese braunen und schwarzen Söhne des Landes, stehen in Gruppen behaglich plaudernd, liegen auf der blanken Erde zum Dominospiel oder zusammengekauert zu einem köstlichen Schläfchen.

Den modernen Teil der Stadt kann man gut und bequem allein durchstreifen. Die Richtung nach der Rue Bab-Azoun, der fashionabelsten Geschäftsstraße Algiers, ist nicht zu verfehlen, und die öffentlichen Gebäude von größerem Interesse, wie der in wundervollem maurischem Stil erbaute Palast des Erzbischofs, früher die Residenz einer Sultanstochter, die Bibliothek, einstmals der Palast von Mustapha Pascha, und einige andere durch Kunst oder Geschichte berühmte Bauten, sind leicht zu finden. Um aber den alten Teil, die Kasba, die sich von der halben Höhe des Berges bis zur Spitze hinaufzieht, kennen zu lernen, ist es geratener, einen Führer zu nehmen.

Was ist das doch für ein Labyrinth von steilen Stiegen und wunderlichen, abschüssigen Gäßchen! Und was für eine Ruhe, welch befremdendes Schweigen liegt darüber! Nicht einmal Kinderstimmen sind vernehmbar. Stumm schreiten die Männer nebeneinander. Lautlos, wie Phantome, gleiten die vermummten Frauen und verschwinden in den schmalen, vergitterten Hauseingängen.

Die kleinen weißen, oft windschiefen Häuschen mit ihren bunten Fensterläden neigen sich so nahe zueinander, daß die Sonne Mühe hat, mit ihren Strahlen dazwischen hindurch den Weg zu finden. Darum ist es hier aber auch bei großer Hitze überraschend kühl und noch mehr so in dem Innern der Häuser. Auf den Türschwellen und den Treppenstufen hocken Goldsticker, Garnwinder und Schuhmacher bei der Arbeit. In einigen wenigen der wirren, mit Kieselsteinen gepflasterten Gassen wickelt sich das geschäftliche Leben ab. Da reihen sich die Läden aneinander, in denen die Eingeborenen ihre bescheidenen Einkäufe machen können. Laden ist allerdings ein etwas euphemistischer Ausdruck für einen oft nicht mal zwei Meter großen, fensterlosen Verschlag. Aber hier ist das Nationalgericht des Arabers, der Kuskus, zu haben, da gibt es kleine, in Öl gebackene Fische und die beliebten, an einem Spieß gebratenen Nierenfleckchen, die als besondere Leckerbissen gelten. Ein anderer hat vielleicht nur ein Dutzend Brote, die er los werden will, und sein Nachbar ein Häufchen Kohl oder ein paar kleine Säckchen voll Hülsenfrüchte. Alles erscheint en miniature — nur der Ladeninhaber nicht. Mit untergeschlagenen Beinen

Innenansicht der Moschee El-Dzama (Algier)

sitzt er neben seinem winzigen Vorrat und bedient mit einer bewunderungswürdigen Gemächlichkeit seine verschiedenfarbigen Kunden.

Die Kasbabewohner, unter denen fast alle Rassen Afrikas vertreten sind, lieben die Fremden nicht, die mit erstaunten und neugierigen Blicken durch ihr Quartier wandern, und sie haben eine ungeheure Abneigung gegen den Kodak. Als ob der Erdboden sie verschlungen hätte, so verschwinden Männer, Frauen und Kinder im Nu, wenn der Apparat gezückt wird.

Der Göttin Venus wird in der still-verschwiegenen Kasba viel geopfert, und durch lichtblauen Anstrich, lachendes Blau, wie der Himmel, der sich darüber wölbt, verraten sich die Häuschen, wo ihre gefälligen Dienerinnen wohnen.

Wie eine Tonsur liegt der Marktplatz auf der Spitze des Berges. Hier hat der Fremde das erste, echte und unverfälschte Bild arabischer Anspruchslosigkeit und arabischen Nichtstuns. Es ist kein Markt, wie wir ihn kennen. Kein Stand, kein Tisch, kein lebhaftes Hin und Her. Auf einem alten Lumpen, der auf dem nackten Boden ausgebreitet ist, liegen die Waren. Auch hier bemerkt man nichts weiter im Handel als die wenigen zum Leben unbedingt nötigen Dinge, die bescheidenen Nahrungsmittel und daneben noch Burnusse, alt und neu. Es reizt zum Lachen und zur Rührung zugleich, wenn man sieht, wie der ganze Warenvorrat eines Händlers nur aus einem Dutzend Apfelsinen oder aus einer Handvoll Datteln besteht, die fein säuberlich, etwa fünf auf ein Häufchen, nebeneinander aufgereiht sind. Von Waren anbieten ist keine Rede. Die meisten Verkäufer liegen träumend oder schlafend neben ihrem ausgestellten Gut und verlassen sich auf Allah, der ihnen die Käufer schon schicken wird.

Der Markt ist der Rendezvousort für alle, die nichts zu tun haben, und ihrer scheint es eine Menge zu geben. Hier liegen sie, wie auf dem Stadtplatz, auf dem Boden, machen ihr Dominospiel, rauchen und plaudern und ignorieren stolz die Fremdlinge, die in ihre Nähe kommen. Auf dem Markt hat auch der Schriftgelehrte seinen Platz, der für wenige Sous Briefe schreibt und übersetzt, der Märchenerzähler, der immer einen aufmerksamen Kreis um sich schart, und der arabische Doktor, der alle Krankheiten mit Schröpfköpfen heilt. Mit einer naiven Brutalität führt er seine Behandlung aus, bei der noch nicht einmal von reinen Händen, geschweige denn von Desinfektion die Rede ist. Wie er die Schröpfköpfe über einem Feuer erhitzt und in den kahlen Nacken des Patienten setzt, und wie er diese, nachdem sie vollgesogen, mit einem rohen Ruck abreißt, daß das Blut wie ein Bächlein herunterrieselt, mutet wie ein mittelalterliches Verfahren an, und der geduldige Patient, der dies alles erträgt, ohne auch nur eine Miene zu verziehen, wird für uns ein Objekt der Bewunderung.

Unzählige Kinder wühlen im sandigen Boden wie die Spatzen und erheben sich nur, um von den Fremden mit ausgestreckten Händen Backschisch zu verlangen. Und diese entzückenden, braungebrannten, schmutzigen Kerlchen bringen das einzige laute Leben auf den schattenlosen Platz, auf dem mit sengenden Strahlen die grelle Sonne brütet.

Viel lieber als durch die steile, enggassige Kasba und das jüdische Viertel, das durch seinen Schmutz und seine laute Geschäftigkeit im auffallenden Gegensatze zu dem stillen arabischen Quartier steht, führt uns unser arabischer Führer Ali ben Bachir in die kühlen Moscheen.

Kein Muselmann läßt sich durch die Gegenwart von Fremden in seiner Andacht stören. Nichts existiert für ihn, solange er, auf dem Boden hingestreckt, mit dem Gesicht nach Mekka gewendet, sein Gebet verrichtet. Und ist er ein müder Wandersmann oder einer jener Armen, die kein Dach über dem Haupte ihr eigen nennen, so findet er im Hause seines Gottes Ruhe und Erholung. In seinen Burnus gewickelt, die Kapuze übers Gesicht gezogen, schläft er dort den süßen Schlaf des Gerechten. Den Frauen dagegen ist das Betreten der Moscheen streng verboten, denn „die Frau hat die Seele eines Hundes", wie es im Koran heißt, und ihre Nähe würde die Männer nur beunruhigen.

Ein arabischer Doktor und sein Patient in Algier

Er ist ein tüchtiger und geschickter Führer, unser Ali ben Bachir, mit seinem feinen, scharfgeschnittenen, aber leider von der tödlichen Hand der Schwindsucht gezeichneten Gesicht. Nachdem wir uns verschiedene alte und neue Moscheen angesehen, führt er uns durch den von exotischen Blumen duftenden Jardin de Marengo hinauf zur alten und berühmten Moschee Abderrhaman. Gegen ein Entgelt ist es auch den Ungläubigen erlaubt, den Ort zu betreten, wo der berühmte Prophet Abderrhaman seine Ruhestätte gefunden. Tausende und Abertausende sind schon hierhergewandert, um im Gebet Erhörung ihrer Bitten zu erflehen, und wie in katholischen Wallfahrtsorten wächserne Hände und Füße und Herzen ihre Geschichte erzählen, so reden hier hunderterlei Gegenstände von dem felsenfesten Glauben und der Dankbarkeit der Anhänger Mohammeds. Es ist allerdings ein seltsamer und wunderlicher Anblick: man glaubt in einen überfüllten Trödelladen zu kommen. Die Gläubigen scheinen anzunehmen, daß ihrem Gotte die Erzeugnisse anderer Länder die größte Freude bereiten. Nur wenige Arbeiten arabischen Ursprungs sind zu sehen, aber sonst ist alles vertreten, vom wundervollen venezianischen Kronleuchter bis zur ordinärsten bunten Schlafzimmerampel, von herrlich geschnitzten alten Standuhren bis zum Drei-Mark-Wecker, vom köstlich gewebten Brokatstoff bis zum buntgedruckten Schnupftuch, wie es bei uns die Bauern tragen.

Überhaupt diese Schnupftücher! Der findige Kopf, der sie einführte, hat nicht schlecht spekuliert, denn es gibt kaum einen Araber, dem es nicht vom Gürtel oder aus dem Knopfloch herunterbaumelt. Aber es wirkt ordinär und zerstört die Vornehmheit, die der Kleidung selbst des ärmsten Arabers sonst eigen ist.

Die Moschee Abderrhaman ist winklig und verschoben gebaut. Schmale, dunkle Gänge führen von einem Betraum in den andern bis ins Allerheiligste, wo der berühmte Marabut seinen ewigen Schlaf schläft. Verblaßte, fadenscheinig gewordene Fahnen und Stoffreste verhüllen seinen Sarg, und ein muffiger Geruch erfüllt den Raum. Wir laufen in großen Pantoffeln, geradeso wie wenn man deutsche Schlösser besichtigt, aber nicht etwa um wie dort das Parkett zu schonen — denn das gibt es hier nicht —, sondern weil der bloße Fuß des Ungläubigen den Boden entweihen würde. Ich kam mir tief schuldig vor, als ich im Eifer der Besichtigung, ohne es zu fühlen, den einen Pantoffel verloren hatte und das Entsetzen in dem Gesicht des Moscheenführers sah, als er das Manko bemerkte.

Kleine Kapellchen sind der Moschee angebaut, in denen ebenfalls die sterblichen Reste einiger Marabuts ruhen. Fromme Beter lehnen außen an den vergitterten Fenstern. Alte, berühmte Geschlechter haben hier oben ihre Grabstätten, deren Schmuck aus gemalten Kacheln besteht, meist blau und gelb, in wunderschönen satten Farben und in alter arabischer Arbeit. Vereinzelte hohe Sykomoren spenden Schatten auf die Gräber. Vermummte Frauengestalten wandeln dazwischen auf schmalen Pfaden. In einer lauschigen Ecke murmelt ein Brünnchen; Ali ben Bachir sagte, es sei eine Wunderquelle. Meilen- und meilenweit kämen die Kranken, um von dem Wasser zu trinken, denn es mache gesund. Und die Armen und Bedrückten kämen, denn es bringe ihnen Glück. All seine Überredungskunst half jedoch nichts. Selbst auf die Gefahr hin, alle diese schönen Dinge zu verscherzen, konnten wir uns nicht entschließen, aus einem Becher zu trinken, den eben erst ein von Schmutz und Ausschlag starrender Araber an die Lippen geführt hatte. Aber Ali quälten keine solchen Bedenken, mit einer geradezu ergreifenden Andacht leerte er den Inhalt. Armer, beneidenswerter Kerl! —

Die Sonne muß so leuchtend scheinen, der Himmel so herrlich blauen und Land und Meer in solch übermütigen Farben einem zu Füßen liegen, wie es hier von der Höhe der Moschee Abderrhaman der Fall ist, daß man seine fröhliche, leichte Stimmung so schnell wiedergewinnen kann, wie es bei uns geschah.

Moschee Abderrahman in Algier

Fatme

Wir hatten an verschiedenen Abenden das bunte Leben und Treiben der Stadt an uns vorüberfluten lassen, hatten zwischen berauschend duftenden und blühenden Sträuchern, wie sie nur eine südliche Vegetation hervorbringt, den Weg hinauf nach Mustapha gemacht, wo entzückende Villen unter hohen Palmen träumen, wir hatten arabische Cafés besucht und zu orientalischer Musik aus winzigen Täßchen den braunen Trank geschlürft, wir waren im Eukalyptuswäldchen gewandelt und hatten dem lebhaften Flüstern der schönen Baumriesen gelauscht, und nun wollte uns Ali ben Bachir zu Fatme, sozusagen als der Pièce de résistance, führen. Nicht zu der schon seit vielen Jahren berühmten — denn die sei alt und dick und nur selten noch zum Tanzen gestimmt —, aber zu einer jungen, schönen Fatme, deren Anblick eine Augenweide gewähre.

Er mußte ihr am Nachmittag einen Besuch machen, um anzufragen, ob unser Kommen auch genehm sei. Es war genehm, wie wohl gar mancher schon im voraus prophezeit hätte. Aber warum soll man sich diese kleinen Täuschungen nicht gern gefallen lassen? Warum dem grauen Alltag nicht ein Mäntelchen umhängen, dessen Farbe uns entzückt? All diese anscheinenden Schwierigkeiten, das bißchen Geheimnistuerei, reizt es nicht unsere Phantasie und hilft das Leben verschönern?

Voller Aufregung und Erwartung machten wir uns auf den Weg. Ins arabische Viertel ging es natürlich, über steile, steinerne Treppen, durch enge, stockdunkle, totenstille Straßen, bis wir in einer kleinen Sackgasse landeten. Nach einer bestimmten Art von Klopftönen, in denen sich Ali wohl schon öfter geübt haben mochte, öffnete sich die kleine Pforte, und wir traten in einen mäßig großen, nach der Gasse zu fensterlosen Raum, der das ganze Erdgeschoß einnahm. Ein kleines, schwelendes Petroleumlicht warf einen unsicheren Schein auf eine Frau, die Zigaretten rauchend auf einer Matte kauerte. Kein Stuhl, kein Möbelstück, nichts als ein Brunnen in einer Ecke, kaum erkennbar. Ein paar Worte des Führers, und eine Handbewegung von ihr zeigte an, daß wir uns nach oben begeben konnten. Wir kletterten die schmale Treppe hinauf und kamen auf eine Art Balustrade, von der aus man hinunter in den dunklen Raum mit dem flackernden Lichtchen und der rauchenden Frau auf dem Boden blicken konnte.

„Da hockt sie immer," sagte uns Ali ben Bachir. „Das ist ihr Platz und das Rauchen ihre Beschäftigung."

Wir hatten nicht erst Zeit, über die Freuden und Annehmlichkeiten eines solchen Daseins nachzudenken, denn im selben Augenblicke wurde ein Vorhang zurückgeschlagen, und im Rahmen einer Tür erschien die entzückendste Mädchengestalt, die man sich träumen konnte. Ali hatte nicht zuviel versprochen. Auch ohne daß man es uns sagte, wußten wir, daß dies nur Fatme sein konnte. Mit einer schüchtern-anmutigen Handbewegung lud sie uns ein, näherzutreten. In einem Raum, der kaum so breit war, daß man sich darin umdrehen konnte, lagen bunte Matten und Kissen auf dem Boden, und nach Arabersitte ließen wir uns mit untergeschlagenen Beinen darauf nieder. Es wurde in winzigen Schälchen Kaffee serviert, und während wir daran nippten, weideten wir uns an Fatmes Schönheit. Von mittlerer Größe, nicht älter als höchstens dreizehn oder vierzehn Jahre, hatte sie schlanke, weichgerundete Formen, ein feingeschnittenes Gesicht mit großen dunklen Rehaugen und einem Teint, anzuschauen wie altes Elfenbein, so mattglänzend und kühl. Bunte Seide schmiegte sich um ihre Glieder, und ein weißer, reich mit Silber bestickter Schleier verdeckte zum Teil ihr tiefschwarzes, üppiges Haar. Wir plauderten, hatten ungezählte Fragen zu stellen, und Fatme, die etwas Französisch gelernt hatte — nur der fremden Besucher wegen — antwortete, so gut es ging. Aber sehr oft gab sie sich, wie ein träges Kind, gar nicht erst Mühe, die Worte zu suchen, sondern Ali mußte als Dolmetscher dienen. Er übersetzte unseren Wunsch, daß wir sie tanzen sehen wollten. Sie zierte sich und ließ sich bitten. Dann trug sie ihm auf,

Grabmäler im Vorhof der Moschee Abderrahman in Algier

die Mutter zu holen. Es war die Zigaretten rauchende Frau aus dem Erdgeschoß. Eine bessere Folie als dieses dicke, häßliche Weib hätte die junge Fatme wahrlich nicht haben können. Das Leben mochte die Frau hart mitgenommen haben. Aber neben dem Zug, den die Sorge gegraben, lag noch so viel Verschlagenheit, List und Gemeinheit in diesem Gesicht, in der ganzen Erscheinung, daß man sich des Widerwillens nicht erwehren konnte. Wir nahmen an, es wäre vielleicht nur eine Art Theatermama. Doch Ali versicherte uns, er kenne die Familie seit langem und wisse bestimmt, es sei die richtige Mutter.

Sie behandelte das Geschäftliche der Angelegenheit und setzte den Preis fest, den wir zu zahlen hatten, wenn ihre Tochter tanzte. Nachdem dieser Punkt zu ihrer Zufriedenheit erledigt war, ließ sie sich von einer alten Dienerin ein Holzinstrument bringen, das in der Form einer ägyptischen Vase glich. Auf dem flachen Boden dieser Vase schlug sie nun den Takt, zu dem Fatme tanzte — nein, tanzen konnte man es wohl kaum nennen, es war eigentlich nichts weiter als ein wohliges Sichwiegen, anmutige Arm- und Hüftbewegungen. Sie erinnerte an ein junges Kätzchen, das sich spielerisch dehnt und streckt. Aber man vermißte die Krallen. Die bezaubernde Hülle schien wenig Temperament zu bergen, und da half auch alles Zureden der Alten mit dem Kupplerinnengesicht nichts. Fatme, die schön war wie ein Märchen, konnte wohl nicht etwas geben, was sie nicht besaß. Interessanter war es, sie als Bild zu genießen, während die Alte erzählte, daß sie den Mann schon früh verloren und ihr von neun Kindern nur dieses Mädchen geblieben sei, ihr Stolz und ihre Stütze. Sie könnte ohne diese Tochter nicht leben, versicherte sie, und man glaubte es ihr, wenn man den Strahl von fast hündischer Treue und Ergebenheit sah, der dabei aus ihren rotgeränderten Augen leuchtete.

Aber über all den Lobpreisungen ihrer schönen Tochter vergaß sie nicht, uns mitzuteilen, daß sie noch ein anderes Mädchen im Hause habe, die gern vor uns tanzen wollte, wenn ein Verdienst für sie dabei abfiele.

Nachdem diese wichtige Frage abermals erledigt war, wurde die Tänzerin gerufen. Ein großes, hageres Geschöpf mit starkem Knochenbau und einem scharfgeschnittenen, herben Gesicht, in dem ein paar düstere, scheue Augen brannten. Weder Schmuck noch seidene Tücher zierten sie, etwas Ernüchterndes ging im ersten Augenblick ihres Erscheinens von ihr aus. Sie mochte das fühlen und vielleicht gerade darum zeigen, was sie konnte, denn sie tanzte, langsam beginnend, schließlich mit einer Verve, einem Temperament und einer Leidenschaft, die alles in ihren Bann zwang. Da waren die Krallen, die wir bei der schönen Fatme vermißten, und als wir — es war lange nach Mitternacht — uns von den dreien verabschiedeten und die steile Treppe wieder hinunterkletterten, waren wir uns noch nicht ganz einig darüber, ob wir nicht doch Fatmes temperamentvoller Konkurrentin den Preis zuerkennen sollten.

Die Erlebnisse dieses Abends haben mich noch manchmal zum Nachdenken veranlaßt. Man wußte, daß der Beruf dieser Mädchen nicht bloß im Tanzen bestand, wußte, daß es der sauberen Mutter und Verwalterin des Hauses viel lieber war, wenn sich nur Vertreter des männlichen Geschlechts einfanden, die die Schönheiten ihrer jungen Hausbewohnerin noch etwas höher einschätzten, man wußte das und vergaß es doch vollkommen in der Gegenwart der Mädchen, denn nichts in ihrem Verhalten erinnerte an ihr Gewerbe, und der Stempel der Verderbtheit und Gemeinheit, den in europäischen Landen fast alle Priesterinnen der Venus tragen, fehlte bei ihnen vollkommen. Sie leben ihr Leben mit einer Naivität, die einfach alle Kritik entwaffnet — „Honni soit qui mal y pense!" möchte man hier beinahe sagen.

Durch die Kabylie

Am Morgen nach diesem nächtlichen Erlebnis nahmen wir Abschied von Algier, das mit seinem fremdartigen Gemisch von Orient und Okzident einen starken Eindruck auf uns gemacht hatte. Wir befanden uns in richtiger Entdeckerstimmung; denn nun sollte es ja in ein ganz geheimnisvolles Land gehen, das nur von wenigen Reisenden besucht wird.

Das Interessanteste wäre es wohl gewesen, die Tour auf Mauleseln zu machen. Doch sind die Unterkunftsstellen in der Kabylie so selten und die wenigen so schlecht, daß sich eine längere Reise aus diesem Grunde von selbst verbietet. An die Diligence wagt man gar nicht erst zu denken, wenn man sie nur einmal gesehen hat: ein ganz unwahrscheinliches Vehikel, das alle Bedingungen für Unbequemlichkeiten erfüllt. Schon daß es hauptsächlich von Kabylen benutzt wird, macht seinen Gebrauch für den Europäer fast unmöglich. Es würden Anforderungen an seinen Geruchssinn gestellt werden, denen er nicht gewachsen wäre, und in der „drangvoll fürchterlichen Enge", die gewöhnlich herrscht — denn Menschen, Tiere und Pakete, alles wird in den verschiedenen Etagen zusammen untergebracht — könnte er sich auch der kleinen blutgierigen Freunde des Kabylen nicht erwehren, die dieser meist in Menge mit sich führt.

Die Bahn durchschneidet nur einen Zipfel des Landes und verschwindet jedesmal, wenn die Aussicht am schönsten wird, in einem finsteren Tunnel. So bedienten wir uns des modernsten und unbestreitbar schönsten Beförderungsmittels, des Automobils. Einige Tage zuvor hatten wir in einem Automobilgeschäft alles Nötige arrangiert. Man hatte uns einen ganz famosen Wagen gezeigt und uns den Chauffeur vorgestellt, der uns fahren sollte — Wagen und Mann paßten zusammen. Aber in Algier scheint man, wie ja auch in manchen anderen Orten dieser Welt, der Ansicht zu sein, daß man ein Versprechen wohl geben kann, jedoch nicht zu halten braucht. Denn am bestimmten Morgen stand vor unserer Hoteltür ein alter Klapperkasten, bei dessen bloßem Anblick einem die Glieder schon schmerzten. Die abgenutzten Pneumatiks versprachen in Bälde die allerschönsten Pannen, und der Führer machte einen Eindruck, daß sich ihm wohl nur einer übergab, der sich mit Selbstmordgedanken trug. Auf unsere erstaunte Frage, was das bedeute, belehrte uns der „Herr Chef", der selbst mitgekommen war, wohl weil er seinem Angestellten nicht über den Weg traute, mit einer phänomenalen Dreistigkeit: dies seien Mann und Wagen, wie wir sie ausgesucht hätten. Ganz erstaunt sahen wir uns gegenseitig an mit dem unausgesprochenen Zweifel in den Augen, ob wohl die Phantastereien der Nacht noch in uns nachwirkten? Aber nur einen Moment, dann bekam der „Herr Chef" die ihm gebührende Antwort. Als sich nun auch noch der Portier unseres Hotels auf unsere Seite stellte — er mochte den Kunden schon kennen —, rückte dieser das angezahlte Geld heraus und steckte den „Lügner" in richtiger Selbsterkenntnis gelassen ein.

Eine halbe Stunde später hatte das Hotel einen Wagen besorgt, etwas teurer wohl, aber in jeder Hinsicht ausgezeichnet.

Zum Abschied hatte sich auch Ali ben Bachir eingefunden, um seinen Lohn einzukassieren, den er erst in der Trennungsstunde haben wollte. Da er sich durch seine Bescheidenheit wirklich unser aller Sympathie erworben hatte, fiel die Zugabe bedeutend größer aus, als sie wohl sonst gewesen wäre, und mit glückstrahlendem Gesicht bedankte er sich:

„Sehen Sie, wie recht ich hatte, als ich das Wasser in der Moschee des Abderrhaman trank. Nun hat es mir doch schon Glück gebracht!"

Aufgeregt surrte die Maschine, und der Wagenkörper zitterte vor Ungeduld, hinaus ins Weite zu kommen. Bald hatten wir die Stadt im Rücken. Noch einen letzten Blick zurück auf die weißen, im strahlenden Morgenglanze marmorschimmernden Häuser, auf das Gewinkel der Kasba, auf die Kirche „Notre Dame d'Afrique", wo die schwarze Himmelsmutter schützend ihre Hände nach den Seefahrern ausstreckt,

Straße im jüdischen Viertel (Algier)

auf den Hügel, der das entzückende Bouzareah trägt mit seinem an Schönheit kaum zu übertreffenden Rundblick, und dann hieß es nur noch: mit Vollkraft voraus dem Neuen und Unbekannten entgegen.

Zu Anfang führt der Weg durch die heiße, schattenlose Ebene des Mitidscha mit einem wundervollen Ausblick auf die schroffgezackten Linien des Atlasgebirges. Auf staubiger Landstraße passieren wir Herden von müden, abgetriebenen Mauleseln, die in großen Körben den Ertrag der Felder zu den Käufern in die Stadt befördern, wir flitzen vorüber an der langsam dahinkriechenden, von vier unsagbar mageren Pferdchen gezogenen Diligence und an gemächlich schreitenden hochbeladenen Kamelen, die erschrocken zur Seite weichen. Immer näher zu den Bergen hin, die in gewaltigen Formationen aus der Ebene emporwachsen. Gipfel erscheint hinter Gipfel. Auf ihren Rücken tragen sie wohlbestellte Äcker, üppige Wiesen, von zahlreichen Schafherden belebt, und dunkelgrüne Wälder, die erst vor den stolzen, mit gleißendem Schnee gekrönten Häuptern haltmachen. Bilder von lieblicher Schönheit wechseln mit Szenen von erhabener Größe. Man hat nicht Augen genug, um alles in sich aufzunehmen, nicht Zeit genug, um alles auskosten zu können.

Spielend nimmt unser Auto die Höhen, und immer weiter trägt es uns hinein in das Herz der sogenannten „Großen Kabylie".

Um die Mittagszeit erreichen wir Tizi Ouzou. Am Fuße des Berges Belloua und im Mittelpunkte der Kabylie gelegen, beherrscht es das ganze Tal des Sebaou. An 1500 Europäer haben sich hier niedergelassen, und das Hotel, in dem wir absteigen, um zu Mittag zu speisen, wird von einem Franzosen geführt. Das Haus ist uns durch seine wenig gute Küche und seinen höchst unliebenswürdigen Wirt, der unser Erscheinen als eine Störung zu empfinden schien, in Erinnerung geblieben.

Aber was interessierten uns in diesem Augenblick die Franzosen! Das Kabylendorf war es, das unsre ganze Aufmerksamkeit erregte, denn es war das erste seiner Art, das wir betraten. Es ist erstaunlich, wie dieses Kabylenvolk, dicht neben den Franzosen wohnend und lebend, seine ganze Eigenart bewahrt. Es baut seine primitiven Hütten nach demselben Plane wie seit Jahrhunderten und bleibt seiner Kleidung und seinem Schmuck bewunderungswürdig treu.

Da die Bahn bis Tizi Ouzou führt und der Ort von Algier aus nicht allzu weit entfernt liegt, sind dort Fremde keine allzu große Seltenheit, und der Kabyle dürfte es wohl gewöhnt sein, daß man ihn und sein Dorf mit überraschten Blicken betrachtet. Er legt dem ungebetenen Besucher auch nichts in den Weg, aber aus seiner unfreundlichen Miene und seinen düster blickenden Augen spricht deutlich sein Widerwille gegen dessen Erscheinen. Der neben ihm lebende Franzose soll ihm übrigens ein ebensolcher Dorn im Auge sein, und es dürfte wohl seine guten Gründe haben, daß ein Regiment Tirailleurs dort stationiert ist.

Als wir nach etwa zweistündiger Pause wieder in unserem Wagen Platz nehmen wollten, hatte sich eine Mauer von dreckstarrenden Kabylenkindern darum gebildet. Selbst an den Rädern klebten sie, wie kleine Affen, und wir mußten uns erst durch Backschisch das Recht der Weiterfahrt erkaufen.

Auf breiter, mit Eukalyptusbäumen bepflanzter Allee ging es aus Tizi Ouzou hinaus. Die Straße, die rapid hinunter in das Tal des Sebaou führt, war an diesem Tage ungewöhnlich belebt. Es war der Vorabend eines Markttages. Scharenweise kamen die Kabylen gezogen, mittelgroße Gestalten von derbem Knochenbau und von dunkelbrauner, manchmal ins Schmutziggelbe spielender Hautfarbe. Unter dem Burnus, der vor langer Zeit einmal weiß gewesen ist, tragen sie nichts als die Gandura, ein ärmelloses Hemd, in der Taille mit einem Gürtel gehalten. Kopf, Nacken und Schultern schützt ein Strohhut von der Größe eines Sonnenschirms. Viele bedecken sich das Haupt aber auch nur mit einem roten Käppchen in der Form, wie es bei uns die Priester tragen, oder sie umwickeln den Kopf mit einem Turban, wie der Araber. Bis zu den Knien sind sie nackt und laufen leichtfüßig mit ruhigen, gleichmäßigen Schritten neben ihren Tieren her, Schafen und Kühen und den Mauleseln, die Getreide, Honig, Öl, gewebte Stoffe und einfache aber ganz eigenartige Töpferwaren, die ebenso wie die Webarbeiten von Frauen verfertigt werden, zu Markte tragen. Für den Kabylen ist der Markttag der große Tag. Er tauscht da nicht nur seine Waren aus, da werden zu gleicher Zeit auch politische Fragen erörtert und, wenn es glückt, sein höchster Wunsch erfüllt, nämlich ein Gewehr geschmuggelt.

Nachdem wir im Tal des Sebaou angekommen waren, dem größten Flusse der Kabylie, der das ganze Jahr über — bei den Flüssen in Algier eine Seltenheit — Wasser in seinem Bette führt, ging der Weg in nördlicher Richtung weiter, und wieder begann ein stetiges Klettern.

An gähnenden Abgründen schlängelte sich unser Auto entlang. Eine einzige sekundenlange Zerstreutheit des Chauffeurs, und wir lägen zerschellt in der grausigen Tiefe. Der Gedanke stellte sich unwillkürlich ein. Aber unser Führer lenkte seinen Wagen mit sicherer Hand. Seit Jahren kam er durch die Kabylie, kannte jeden Felsen', jeden gefährlichen Punkt, der seine Aufmerksamkeit besonders erforderte. Er gab uns manche beruhigende Probe davon. So wußte er genau, an welcher Stelle er einem Kabylen mit seinen verschlafenen Maultieren begegnen würde, und noch ehe er die Kurve nahm, ließ er laut die Huppe ertönen, und richtig, als wir um die Ecke kamen, da war er, und wie immer auf der falschen Wegseite, auf der er einem Neuling sehr gefährlich werden konnte.

Es war ein wundervolles, pittoreskes Panorama, das ununterbrochen an uns vorüberzog. Schroffe, kapriziös gezackte nackte Gipfel, steile, fruchtbare Hänge, bis zum letzten Quadratmeter bepflanzt und gepflegt wie köstliche Gärten; düstere Schluchten und tiefe, sonnenlose Täler, deren kühler Atem zu uns emporstieg. Riesenhafte Wälder aus Eichen, die an unseren deutschen Wald erinnerten, meilenweite Bestände aus Eschen und Zedern, an denen sich immergrüne Schlinggewächse emporrankten, und graugrüne Olivenhaine, von melancholischen Schatten umweht. Und wenn man es am wenigsten erwartete, sich von allen Seiten von unüberwindlichen Bergen eingeschlossen glaubte, verschoben sich plötzlich die Kulissen und eröffneten einen überwältigenden Ausblick auf das azurblaue Meer, auf verschwimmende, duftige, märchenhafte Fernen.

Einen ganz eigenartigen Einschlag in diese verblüffend abwechslungsreiche Szenerie geben die Dörfer der Kabylen. Wie Kappen sitzen sie zum Teil auf den Glatzen der alten Bergriesen, sie kleben an den Hängen wie kolossale Vogelnester oder liegen hingeduckt in finstere Bergeinschnitte, immer in ziemlich unzugänglicher Lage. Grauweiß ist der Anstrich der Hütten, ein verblaßtes Rot die Farbe der Dächer. Kein Schornstein erhebt sich in die Luft, nicht das kleinste Rauchwölkchen schwebt über diesen Wohnstätten, wie ausgestorben wirkt das Land. Und doch beherbergt es eine große, ebenso fleißige als kriegerisch veranlagte Bevölkerung.

Von einem Gipfel der zweiten Gebirgskette, die vor uns aufstieg, grüßte uns aus stolzer Höhe das Fort National. Doch nur auf kurze Zeit blieb es in Sicht, dann führte unser Weg wieder eine Weile bergab an den Ufern des Aïssi entlang, dem bedeutendsten Nebenfluß des Sebaou. Am Ende des engen Tales sahen wir zum erstenmal die westlichen Abhänge des Djurdjura, eines Teils des Atlasgebirges, das die Kabylie durchschneidet. Wie eine gigantische rote Mauer schiebt er sich vor. Bald nachdem wir den Aïssi überschritten hatten, verschwand der Djurdjura wieder hinter den anderen Höhen.

An einigen europäischen Häusern vorbei, die sich verloren genug in dieser Gegend vorkommen mögen, führte der Weg an dem Dorf Adeni vorüber in überraschend starker Steigung wieder aufwärts. Es ist dies das Stück Straße, das die Soldaten des Marschalls Randon in der erstaunlich kurzen Zeit von zwanzig Tagen herstellten.

Die Hitze wurde immer intensiver, und unser armes Auto pustete unter der anstrengenden Arbeit, die es zu leisten

Kabylendorf

hatte. Von dieser Höhe aus gab es einen herrlichen Blick über das Tal des Sebaou, das wir vorher durchfahren hatten, und mit lebhaftem Interesse verfolgten wir die Berglinie, die sich als Wall zwischen dieses Tal und das Meer schiebt. In schleifenartigen Serpentinen ging es vor- und aufwärts.

Hart am Wege stand eine französisch-kabylische Schule, die erste ihrer Art. Ihrem lebendigen Inhalt, den sie gerade entleerte, war unser Erscheinen ein Ereignis, das ausgenützt werden mußte. Schreiend und lebhaft gestikulierend verfolgte die Jugend unseren Wagen. Die Schwächeren gaben das Wettrennen bald auf, aber die Stärkeren hielten aus. Burnus und Gandura, alles was ihnen beim Laufen im Wege war, wurde bis unter die Arme hochgehoben oder mit den Zähnen festgehalten, und das Rennen erst aufgegeben, als sich die Anstrengung mit einigen Münzen gelohnt hatte.

Von Tamazirt aus bot sich abermals ein unvergleichliches Bild. Ein voller Blick auf die grandiose Djurdjurakette, die gigantische rote Mauer, die uns schon im Tale des Aïssi mit Erstaunen und Bewunderung erfüllt hatte.

Dorfgekrönt die steilsten Gipfel in der Runde, und tief unten zwischen den scharf abfallenden Hängen das Silberemaille des Flusses, an dessen Ufer wir noch kurz zuvor entlang geflogen waren. Denn es schien wirklich, als ob wir Flügel gehabt hätten, um so schnell auf diese Höhe gelangen zu können.

Sobald man Tamazirt im Rücken hat, erscheint das Fort National in dominierender Höhe. Von einer Berglehne geht es nun auf die andere, bis zum Dorf Azouza. Noch einmal kommt eine rapide Steigung zum Kamm hinan, und dann fahren wir durch ein von Soldaten bewachtes Tor in dem mächtigen Walle in die trotzige Feste. Eine einzige dicht von Bäumen beschattete Straße führt durch die Festung und das Dorf, das sich daran gliedert. Im ersten Augenblick kann man völlig vergessen, daß man sich hoch oben in einem der wildesten Teile der Kabylie befindet, da die militärischen Bauten europäisch sind und nur französisches Militär zu erblicken ist.

Auf eine Anfrage bei dem Kommandanten wird den Fremden gewöhnlich die Erlaubnis erteilt, die Festung zu besichtigen. Auf Befehl eines Unteroffiziers übernahm es ein Soldat, diese wichtige Persönlichkeit aufzusuchen. Inzwischen übergab er uns einen großen sommersprossigen, rotköpfigen Infanteristen zur Führung. Die Unzufriedenheit stand ihm deutlich im Gesicht geschrieben, und auf unsere interessierten Fragen, wie es ihm hier oben gefalle, erwiderte er auch offenherzig, daß er wünschte, der Teufel hole den Ort und die ganze Kabylie. Es mag ja nicht leicht sein für einen Jungen von den lieblichen Ufern der Seine, in diesem Felsenneste auszuharren, wo im Winter die bitterste Kälte und im Sommer die erschlaffendste Hitze herrscht, wo „des Dienstes ewig gleichgestellte Uhr" nur von vorher militärisch festgesetzten kleinen Vergnügungen unterbrochen wird.

Während wir ihn noch unserer aufrichtigsten Teilnahme versicherten, kam die Antwort zurück, daß der Kommandant augenblicklich nicht aufzufinden sei, daß aber der Besichtigung trotzdem nichts im Wege läge. — Die militärischen Gebäude interessierten uns nicht sehr, aber der Wall, das heißt die Aussicht von dem Wall ist etwas, das sich nie und nimmer vergessen läßt. Erst da wird einem klar, welch wichtigen strategischen Punkt dieses Fort National bedeutet. Durch seine zentrale Lage kann es mit Leichtigkeit eine ganze Anzahl Kabylenstämme überwachen, und wie man uns mitteilte, ist es möglich, in wenigen Stunden 30000 Kabylenhäuser in Grund und Boden zu schießen. Es sind die wildesten und am schwersten zu zähmenden Stämme, die rundherum in ihren Adlernestern hausen; sie hielten diese immer für uneinnehmbar, bis 1857 Marschall Randon kam, das ganze bis dahin unabhängige Gebiet unterwarf und die französische Flagge auf den Höhen der Kabylie aufpflanzte. Frankreich hat sich damit ein Land erobert, in dem vor ihm Araber, Türken und selbst die Römer vergeblich versucht hatten, sich festzusetzen. Ob dies den Galliern auf die Dauer gelingen wird? Nach jenem ersten Sieg glimmte jedenfalls unter anscheinender Ruhe das Feuer der Empörung unentwegt weiter, bis im Jahre 1871 ein großer Aufstand ausbrach, dessen Ausgang den stolzen freiheitsliebenden Gebirgssöhnen vielleicht klargemacht hat, daß sie sich der Übermacht der Fremden, die ihnen nach der Niederlage auch noch zehn Millionen Kriegsentschädigung aufbürdeten, in Zukunft zu beugen haben. Arme Vögel auf ihren Höhen! Kein Wunder, daß sie scheu und finster blicken.

Nach drei Seiten beherrscht das Fort National — von den Eingeborenen Souk-el-Arba, der Mittwochsmarkt, genannt — das Land, und nach jeder Richtung genießt man eine vollkommen verschiedene Aussicht. Das Gruseln überkommt einen, wenn man das Auge an der 2000 Fuß hohen, senkrecht abfallenden Wand hinuntergleiten läßt, auf deren Zinne der Festungswall entlang läuft, und unvergleichlich ist der Blick auf die Djurdjurakette, die sich hier in ihrer ganzen majestätischen Größe zeigt mit ihren zerrissenen und zerfetzten Wänden, mit ihren starren Zacken und unüberwindlichen Graten. Die Hänge nach Norden sind mit wilden Schluchten genarbt, die sich erst tief unten im Tale des Sebaou verlieren.

Das Endziel unserer Fahrt an diesem Tage sollte Michelet sein, etwa 25 Kilometer von Fort National entfernt. Der Weg schlängelte sich abwärts nach dem Tale des Flusses Sahel zu, an schwindelerregenden Abgründen entlang, zwischen einer Felsenlandschaft hindurch von einfach klassischer Größe. Uns gegenüber erhob sich der mächtige Djurdjura, auf der anderen Seite begleitete uns die interessante Kette des Beni-Yenni, unvergeßlich mit ihren drei dorfgekrönten Spitzen, deren letzte Häuser bis an schwindelerregende Abgründe vorgeschoben sind. Nach Übersteigung einer anderen Gebirgshöhe sind wir endlich auf dem Rücken des Berges gelandet, an dem Michelet liegt.

Michelet, das rein militärischen Gründen seine Entstehung verdankt, besteht nur aus wenigen staatlichen Gebäuden, die von französischen Beamten bewohnt werden. Auch eine Bordj besitzt es, eine Art befestigtes und mit Schießscharten versehenes Haus, in dem die Europäer in Zeiten der Gefahr Unterkunft finden. Das Ganze ein Ort, der nach all den pittoresken, lieblichen und grandiosen Bildern, die der Tag gebracht, unsagbar nüchtern wirkte, aber er besaß das, was wir brauchten, ein Hotel, das noch ganz nach guter alter Sitte gehalten wird: der Mann kocht, die Frau versieht das Haus, die Töchter servieren, halten die Zimmer in Ordnung, und alle zusammen geben dem Reisenden gern aus ihrer langjährigen Erfahrung mit dem Kabylenvolk etwas zum besten.

Es war gegen fünf Uhr, als wir in Michelet ankamen, und auf unsere Frage, wie wir den Abend noch möglichst gut ausnützen könnten, wurde uns vorgeschlagen, das Kabylendorf Ain-el-Hammam zu besuchen. Ein Führer fand sich in der Person eines kleinen, etwa zehnjährigen Kabylen aus demselben Orte, den man im Hotel gut kannte, da er dort hin und wieder kleine Arbeiten verrichtete, außerdem, da er die französische Schule besuchte, leidlich Französisch sprach.

Auf einem schmalen Pfade führte der Weg hinunter in das an abschüssigem Hange gelegene Dorf. Die Sonne war gerade im Untergehen, und der ganze Westen, Himmel und Berge, glühten in einem goldigroten Farbenrausch. Und im Abglanz dieser goldigroten Glut tauchten eine Strecke vor uns zwei Mädchengestalten auf, die allem Anschein nach vom Brunnen kamen. Die eine balancierte eine schwarz und rot ornamentierte Amphora mit zwei Henkeln auf dem Kopfe, die andere trug einen Wasserkrug auf der Schulter, ihn mit hocherhobenem nacktem Arme stützend. Leichtfüßig schritten sie dahin, eine bezaubernde Anmut in jeder Bewegung. Um alles in der Welt gern hätte ich von diesem entzückenden Bilde so viel nur eben möglich war, auf einem Film festgehalten. Auf den Zuruf unseres kleinen Begleiters eilte aber die eine von ihnen wie ein gescheuchtes Wild davon, die andere blieb halb unschlüssig stehen und streckte die offene Hand aus, was soviel heißen sollte als: erst das Geld und dann die Gegenleistung. Alles wurde in rascher Hin- und Herrede bewilligt. Aber bis wir sie erreichten, hatte sie ihre Meinung wieder geändert und war nun ebenfalls im Nu unter den Bäumen verschwunden.

Der Junge führte uns in eines der ersten Häuser am Eingange des Dorfes. Es war für kabylische Verhältnisse ein ziemlich großes Haus, vier langgestreckte flache Hütten um einen offenen Hof herumgebaut. Die erste, durch die wir hindurch mußten, um in das Innere zu gelangen, diente als Scheune. Wir durchquerten dann den Hof und befanden uns nun im Innern einer Wohnhütte. Die Einrichtung primitiv zu nennen, ist noch viel zu viel gesagt. Vier nackte, niedrige, fensterlose Lehmwände. In einer Ecke ein kleiner Aufbau, in dem die Krüge, die Wasser und Öl enthalten, versenkt werden, um den Inhalt kühl zu halten, und in der Mitte des Fußbodens, der aus festgestampftem Lehm besteht, eine kleine Feuergrube, über der gerade der Kuskuskessel dampfte. Der Rauch zieht durch die Ritzen und die Türe ab. Das Innere der Hütte ist durch eine halbhohe, sehr breite Mauer, die zugleich dem Hausherrn als Schlafstätte dient, in zwei Teile geteilt. Die zweite, etwa einen Fuß niedriger gelegene Hälfte gehört dem Vieh, das im Winter gleich die Wärme für den Wohnraum abgibt. Aber alle Tiere — Kühe, Ziegen, Maulesel — müssen durch die Hütte und gelangen erst dann mit einer feinen Schwenkung nach rechts in ihr Abteil. Eine Wiege, die in der Form etwa einer an einem Querstock aufgehängten Futterkrippe gleicht, war das einzige Mobiliarstück.

Man sitzt, liegt und schläft auf dem Boden, den man in der Nacht mit einfachen Matten bedeckt. Einige Kochtöpfe, die hölzerne Kuskusschüssel, ein Sieb und eine Handmühle, um das Getreide zu mahlen, bilden die ganze Küchenausstattung. — Als wir in die Hütte eintraten, beherbergte sie niemand weiter als eine junge Frau, die mit einem Säugling im Schoß neben dem schwelenden Feuer hockte. Der Junge stellte sie uns als seine Mutter vor. Auf die Frage, wie alt die Mutter sei, erhob er entsetzt beide Hände gegen uns, als ob er was Böses abwehren müßte, und erwiderte ganz empört, das wüßte er nicht. Es war uns damals noch unbekannt, daß es den Kindern der Kabylen wie denen der Araber streng verboten ist, nach dem Alter ihrer Eltern zu fragen.

In wenigen Minuten hatten wir eine ganze Schar Kinder und Erwachsener um uns versammelt. Mit großer Dreistigkeit umdrängten sie uns, befühlten unsere Kleidung von oben bis unten, und die schmutzigen Händchen der Kinder tauchten mit großer Geschicklichkeit in jede auffindbare Tasche. Die Frauen waren entzückt von den großen Automobilschleiern und ließen wie liebkosend die Hände darüber gleiten, und eine von ihnen begeisterte sich an einem Brillantring, den ich trug. Sie bestand darauf, daß sie ihn einmal auf ihren Finger ziehen durfte, ließ ihn immer wieder im matten Schein des Feuers aufleuchten und konnte sich nur mit Mühe davon trennen.

Alles, was um uns war, gehörte zur Familie und bewohnte die anderen Hütten, die sich um den Hof schlossen. Dem Kabylen ist Vielweiberei erlaubt, und der Besitzer des Hofes war zufällig vermögend genug, um sich mehrere Frauen zu gleicher Zeit leisten zu können. Sonst weiß sich der Kabyle, der sich eine Frau zulegt wie ein Stück Vieh, indem er nämlich den Kaufpreis erlegt, so zu helfen, daß er eine Frau nach der anderen nimmt. Der höchste Preis, der für eine Frau erlegt wird, ist etwa tausend Franken. Doch ist manchmal eine solche auch schon für fünfzig Franken erhältlich. Die Summe, die am häufigsten gezahlt wird, ist etwa dreihundert Franken. Gefällt die Frau ihrem Manne nicht mehr, so behandelt er sie so schlecht, daß sie von selbst geht, oder er sucht und findet gewöhnlich auch einen Vorwand, unter dem er sie wieder zu ihren Angehörigen zurückschicken kann. Bekommt sie keine Kinder, so ist dies ebenfalls ein Grund, sich von ihr zu trennen. Kein Wunder, daß bei solchen Erfahrungen die Frauen aus dem Erstaunen nicht herauskamen, als sie auf ihre Fragen erfuhren, wie lange wir verheiratet waren und daß wir keine Kinder hätten.

„Und der Mann lebt noch mit Ihnen, hat Sie noch nicht fortgeschickt?"

Wir verstanden die Worte nicht, die sie sprachen, aber man konnte sie ihnen deutlich vom Gesicht ablesen, noch ehe sie uns übersetzt wurden.

Manchmal behält der Mann auch die Frau, die er nicht mehr mag, im Hause, und sie darf dann alle schmutzigen und schweren Arbeiten verrichten und zusehen, wie er eine Jüngere und Hübschere an ihren Platz setzt.

Wir hatten unseren kleinen Führer gefragt, ob man im Dorfe wohl irgendein Schmuckstück kaufen könnte. Allem Anschein nach hatte er dies berichtet, denn nun kam eine Frau — nicht die junge und schöne Favoritin, sondern eine der älteren — und bot ihre Ohrringe zum Verkauf an mit einer Bewegung, die verständlich genug ausdrückte, daß ihre Zeit vorbei sei und sie des Schmuckes nicht mehr bedürfe. Der Kauf war bald abgeschlossen, und eben verhandelten wir über ein Paar Agraffen, die sie ebenfalls losschlagen wollte, als der blasse Schrecken in die ganze Versammlung fuhr. Die Kinder stoben auseinander und verschwanden in den verschiedenen Hütten. Die Frauen verstummten, und selbst unserem ziemlich redseligen Cicerone blieb das Wort im Munde stecken. Wir folgten der Richtung ihrer Blicke und wußten, daß dies nur der Herr des Hauses sein konnte, der da über den Hof geschritten kam, ehe der Junge uns zuflüsterte: „C'est mon père!" Eine Erscheinung von antiker Größe in Haltung, Gang und Ausdruck. In seinen Augen loderte die helle Empörung. Kein Wunder, daß die Frauen davonschlichen wie geprügelte Hunde. Selbst uns wurde etwas unheimlich zumute bei seinem Anblick. Mit kurzem Gruß schritt er an uns vorüber ins Haus hinein, seine Tiere hinter ihm her.

„Ich werde Sie jetzt noch etwas weiter im Dorf herumführen," sagte der vielversprechende Sproß des Hauses. „Vater sieht Besuch nicht gern."

Das wußte er aber zuvor auch schon, daß Vater Besuch nicht gerne sah, denn wenn der Kabyle auch keinem Fremden den Eintritt in seine Hütte verweigert, so macht er doch die Bedingung, daß Besuch nur dann ins Haus darf, wenn er vorher angemeldet ist und er selbst da sein kann, um ihn zu empfangen.

Wir kletterten weiter in das Dorf hinab in das Gewirr von Hütten, die sich innen und außen zum Verwechseln

ähnlich sahen. Völlig ausgestorben lagen sie da, als wir uns
näherten. Aber als ob man in ein Wespennest gestoßen, so kam
es nun aus all den dunkeln Ecken und Löchern heraus-
geschwärmt: kleine, schmutzige, bildhübsche Mädchen, bis auf
den Schmuck genau gekleidet wie ihre Mütter, ebenso dreckige
Buben mit intelligenten Gesichtern und dem kahlgeschorenen
Kopf, auf dem nur in der Mitte der schwarze Haarbüschel
wippte, Frauen, jung und alt, umringten uns, hingen sich
an uns, alle von dem einen Wunsche beseelt, Backschisch
zu erlangen.

Die Frauen, deren jugendliches Aussehen leider selten
länger als bis zum zwanzigsten Jahre währt, sind von fesseln-
der Schönheit. Die Gesichter zeigen etwas große, energische,
dabei nicht unfeine Züge mit lebhaften Augen, in denen
eine kaum unterdrückte Wildheit flackert. Ihr Anzug — Mel-
halfa genannt — ist von geradezu genialer Einfachheit. Er
besteht aus zwei Stücken Stoff, Kattun oder Musselin, meist
von dunkler Farbe. Aber auch Rot und Orange wird getragen. Das eine Stück wird für vorne, das andere für hinten
gebraucht, das hintere dann über die Schultern herübergezogen
und rechts und links auf der Brust mit großen eigenartigen
Agraffen festgehalten, die wie die meisten Schmuckstücke
aus Silber hergestellt und mit bunter Emaille ausgelegt sind.
Um die Taille eine Kordel oder ein schmales Stück Stoff,
das als Gürtel fungiert. Aus dem offenen Spalt zu beiden
Seiten treten die nackten Arme hervor. Von Schuhen und
Strümpfen keine Spur. Um den Kopf mit den dunkeln
Haaren schlingt sich, kokett arrangiert, ein schwarzes oder
buntgerändertes Tuch. An der Art, wie dies getragen wird,
auch an den Schmucksachen läßt sich erkennen, ob eine
Frau verheiratet ist oder nicht. Für Schmucksachen, die mit
zur Kleidung gehören und immer getragen werden, haben
die Kabylinnen eine große Vorliebe. Sie behängen sich mit
Ohrringen, die bis auf die Schultern reichen, und ungezählte
Silberspangen klirren an den schlanken, feingeformten Arm-
und Beingelenken.

Alle Frauen sind tätowiert auf Stirn, Wangen und Händen,

und häufig tragen die Angehörigen eines Stammes dasselbe Muster.

Von den Frauen wird verlangt, daß sie das Weben verstehen, um die Burnusse für Mann und Söhne herstellen zu können. Es dauert Monate, ehe sie einen solchen fertigbringen. Dafür hält er aber auch ungezählte Jahre. Nachdem wird er bei den Ärmsten geflickt und wieder geflickt, bis vom Original nicht das kleinste Fleckchen mehr daran ist, und wir haben einige Exemplare gesehen, bei denen wir uns verwundert fragten, durch welches Kunststück sie überhaupt noch zusammengehalten wurden.

Ebensoviel Wert, wie auf das Weben, legt der Mann darauf, daß die Frau einen guten Kuskus zubereiten kann. Ja, man sagt, der Preis für eine Frau wäre um so höher, je besser sie damit umzugehen weiß. Kein Wunder, denn der Kuskus ist das Gericht, von dem der Kabyle des Morgens, Mittags und des Abends lebt. Vom ersten Tage des Jahres bis zum letzten. Von seiner Kindheit bis zu seinem seligen Ende.

Stunde um Stunde verbringt die Frau täglich damit, den Kuskus herzustellen. Auf dem Boden hockend, nimmt sie eine große flache Holzschüssel zwischen die Knie, wirft eine Handvoll Grieß hinein, der für die wenigen Reichen aus Weizen, für die Armen jedoch aus Gerste hergestellt wird, tut einige Tropfen Wasser darauf und rührt sie mit der flachen Hand, bis sich die Masse zu kleinen Knötchen formt. So geht das weiter, bis eine Menge davon fertig ist. Dann schüttet sie alles in ein Sieb. Was in gleichmäßig großen Klümpchen durchfällt, ist gut, das übrige wird von neuem geknetet und dieselbe Prozedur wieder vorgenommen. So geschickt dies auch gemacht wird, sehr appetitlich sieht es nicht aus, da die Hände in bezug auf Sauberkeit doch manches zu wünschen übrig lassen.

Das richtige Rezept für den Kuskus verlangt nun, daß diese Klümpchen in einem Sieb auf einen Topf gestellt werden, in dem ein tüchtiges Stück Hammelfleisch zusammen mit allerhand grünen Gemüsen und kräftigen Zutaten kocht.

Darin bleiben sie so lange, bis sie durch den Dampf gar geworden sind. Das Gericht, so zubereitet, ist sehr leicht und schmeckt delikat. Der arme Kabyle aber, der während des ganzen Jahres vielleicht nur dreimal Fleisch im Topfe sieht, kann den Kuskus nur über purem Wasserdampf aufquellen. Um ihm Geschmack zu geben, ißt er ihn mit sehr scharfen Saucen.

Eine Frau, in deren Hütte wir uns mit unserem kleinen Führer längere Zeit über den Kuskustopf unterhielten, bot uns etwas davon zum Kosten an und machte ein sehr verwundertes Gesicht, daß wir ihre Freundlichkeit so energisch abwehrten.

Als wir den Rückweg nach dem Hotel antraten, war die Sonne bereits hinter den Bergen verschwunden. Nur hoch oben auf einer stolzen Bergeszinne lag noch ein Abglanz ihres königlichen Lichts. Mit jedem Schritt, den wir aufwärts stiegen, versank das Dorf tiefer hinter uns. Kein Lichtpunkt bezeichnete seine Lage, und nach ganz kurzer Zeit war es wie in den Boden gesunken, in der überraschend schnell sich einstellenden Dunkelheit der Farbe der Berge gleich.

Aber was wir da gesehen, gehört und beobachtet hatten an Anspruchslosigkeit, an Armut und Unwissenheit, war tief in die Erinnerung eingegraben.

Kabylenschule

Von Michelet nach Bougie

Schon früh am nächsten Tage holte uns die Sonne heraus, um das seltsame Bild zu bewundern, das sich unter ihren Strahlen entwickelte. Langsam nahm sie dem Djurdjura die duftigen Morgenschleier ab und enthüllte seine Formen in all ihrer wilden Schönheit und Größe. Über Nacht schienen rundherum die Dörfer aus dem Boden gesprossen zu sein. Am Abend zuvor hatten wir nur zwei oder drei entdeckt, jetzt hingen nah und fern so und so viele an den Hängen, krochen auf den Graten entlang, schmiegten sich in düstere Bergfalten. Schmale, steile Fußpfade, die eigentlich nur für Maulesel, Ziegen und Kabylen gut gangbar sind, verbinden diese Dörfer miteinander.

Wir hatten gehofft, von Michelet aus den Ausflug auf den Lella Khedidja machen zu können, dessen Gipfel einen herrlichen Ausblick über die ganze Kabylie ermöglicht. Aber man stellte uns dies im Hotel als absolut unausführbar hin. Vor der völligen Schneeschmelze, die erst Ende Mai eintritt, könnte eine Besteigung nicht unternommen werden. So mußten wir ziemlich enttäuscht auf diese vielversprechende Tour verzichten.

Gerade als wir uns zur Abfahrt rüsteten, passierte ein Kaid Michelet, ein alter Mann mit interessantem graubärtigen Kopfe. Stolz wie ein König saß er auf seinem abgetriebenen Maulesel; auf der Brust, an den leidlich reinen Burnus geheftet, flimmerten ein paar bunte Orden in der Sonne. Das ist auch so ziemlich alles, was ihm von seiner früheren Herrlichkeit als Chef seines Stammes geblieben ist. Er wird ebenso wie der Amin*) und der Tamen,**) die unter ihm stehen, von der französischen Regierung zu seinem Posten ernannt. Sie alle sind heute nichts weiter als deren Angestellte und haben die Vorschriften zu erfüllen, die ihnen gemacht werden. Dem Kaid steht das Amt zu, die Aminen zu

---

*) Amin — eine Art Bürgermeister.
**) Tamen — Gehilfe des Bürgermeisters.

beaufsichtigen, und außerdem hat er das Eintreiben der Steuern zu besorgen, wofür er als Entgelt 10 Prozent erhält.

Die Kabylen sind Demokraten vom reinsten Wasser, und es gibt nur wenige Rassen, die es ihnen in der praktischen Ausübung des demokratischen Prinzips gleichtun. Vor der Eroberung durch die Franzosen bildete jedes Dorf eine kleine Republik für sich, in der das System des Selbstregierens auf das radikalste angewandt wurde. Die Gesetzgebung ging von der Dschema*) aus, und jeder Mann, der majorenn geworden, war zum Erscheinen und zum Mitstimmen berechtigt. In Wirklichkeit bestand sie aber, einer alten Sitte gemäß, nur aus den angesehensten und erfahrensten Männern des Ortes. Diese Dschema, die sich ihren Amin jedes Jahr selbst wählte, besaß absolute Gewalt: sie machte Gesetze, entschied über Frieden oder Krieg, setzte die Steuern fest und saß zu Gericht.

Da der Kabyle von seinen Vorvätern, den Berbern, den Hang zum Kämpfeführen ererbt hat und die benachbarten Orte immer miteinander im Streit lagen, ja selbst die Dörfler unter sich immer in Parteien gespalten waren, da außerdem durch das ungewöhnlich dichte Zusammenleben — man zählt in der Großen Kabylie allein über 500 000 Seelen — Reibereien nicht ausbleiben konnten, war die Aufgabe der Dschema keine geringe.

Wenn nun unter der französischen Regierung auch die Formen dieser alten politischen Einrichtungen beibehalten wurden, so steht deren Gewalt in den hauptsächlichsten Dingen jetzt doch nur noch auf dem Papier.

Die Franzosen konnten dem Kabylen die regierende Macht entwinden, aber ihn ändern konnten sie nicht: eigensinnig verharrt er in seinen hergebrachten Ideen und sträubt sich hartnäckig gegen jeden neuen Gedanken, den man ihm aufdrängen möchte. Jeder Bildungsmöglichkeit geht er weit aus dem Wege. Wie arm und reich denselben Burnus trägt, so daß sie äußerlich nicht zu unterscheiden sind, wie

---

*) Dschema — Gemeinderat.

alle in den gleichen ärmlichen Hütten wohnen, dieselbe magere Kost genießen, so ist auch einer so unwissend wie der andere und will es sein. Für ein Mädchen halten sie eine europäische Ausbildung direkt für ein Unglück, und wohl mit Recht, da sich dann kaum noch ein Kabyle findet, der sie zur Frau nimmt.

Ein Schulzwang existiert nicht. Wenn trotzdem mancher Vater seinen Sohn zur Schule schickt, so geschieht das nicht, damit er sich französische Bildung aneigne oder damit er in französischen Geist eingeweiht werde, sondern es ist nichts weiter als eine Spekulation. Man hofft nämlich, daß er dann später eine Anstellung in der französischen Verwaltung findet.

Auch an der Blutrache hält der Kabyle fest wie an einem alten Recht, und die Streitigkeiten, die früher offen, jetzt bei der strengen Aufsicht der Franzosen heimlich ausgefochten werden, kosten vielen tüchtigen Männern das Leben. Dabei gelingt es dem französischen Gericht nur in den seltensten Fällen, den Täter zu ermitteln oder zu fassen, trotzdem dieser gewöhnlich dem ganzen Dorfe wohlbekannt ist.

Es ist begreiflich, daß ein solch demokratisches und zugleich in seinen Sitten so konservatives Volk sich nirgendwo anders wohlfühlen kann als im eigenen Lande und mit leidenschaftlicher Liebe an seiner Heimat hängt. Wer nur irgend kann, bleibt zu Hause. Die Viehzucht und der zu einer wahren Kunst entwickelte Ackerbau ernähren wohl eine große Anzahl der Eingeborenen, und die Verfertigung von Schmucksachen, die in Form und Muster wenig wechseln, aber unbestreitbar von originellem Charakter sind, sowie die Herstellung von Töpferwaren sind zwei blühende Erwerbszweige. Aber für das Auskommen der Gesamtheit reicht es trotz der geringen Lebensansprüche doch noch immer nicht. Und so suchen sich alljährlich viele Männer Arbeit bei den Kolonisten, oder sie wandern in die Städte bis nach Tunis hinunter, wo sie sich als Lastträger oder in irgendeiner anderen untergeordneten Stellung ihr Brot verdienen. Jeder Sou wird zurückgelegt, um so bald als möglich mit dem Ersparten wieder in die Heimat zurückkehren zu können, wo dann gewöhnlich ein Stückchen Land dafür gekauft wird, oft auch nur ein paar Bäume, die auf dem Acker eines anderen stehen, oder ein paar Äste auf einem Baum, der wiederum einem anderen gehört.

So wenig dies auch ist, es ist Heimat, bindet sie an die Heimat und läßt sie leichter vergessen, was eine fremde Oberherrschaft ihnen genommen, wie die bunten Eitelkeitspfläsuerchen auf dem Burnus des alten Kaid diesen darüber hinwegtäuschen helfen, daß seine wirkliche Macht geschwunden ist.

Über Azazga nach Bougie

Nach einer herzlichen Verabschiedung von unseren Wirten, die uns viel Interessantes aus ihren langjährigen Erfahrungen in diesem eigenartigen Lande zum besten gegeben hatten, machten wir uns wieder auf die Reise. Die Fahrt sollte nun weiter nach Azazga gehen.

Da ein Teil des ursprünglich vorgesehenen Weges nicht befahrbar war, mußten wir wieder ein ganzes Stück in der Richtung nach dem Fort National zurück. Dann bogen wir rechts ab, kamen, in überraschender Schnelligkeit von einer Berglehne auf die andere übergehend, durch verschiedene der Dörfer, die wir am vorhergegangenen Tage von der Festung aus gesehen hatten, und ließen nach einiger Zeit den gewaltigen Djurdjura im Rücken.

In nahezu horizontaler Richtung führte die ausgezeichnet gehaltene Straße an unaufhörlich wechselnden Bildern vorüber. Von mancher Bergeshöhe herab grüßte der kleine weiße Kuppelbau, der das Grab irgendeines Marabuts beherbergte. Wie der Araber bekennt sich auch der Kabyle zum Islam, ohne jedoch dessen Vorschriften sehr gewissenhaft zu befolgen. Seine Marabuts, die in der Kabylie diese hohe Stellung nur durch Geburtsrecht erhalten können, verehrt er wie Heilige, und der Einfluß dieser frommen, manchmal sehr weisen Männer ist auch noch heutigestags ein ganz gewaltiger.

Als wir wieder einmal auf einer freien, lichten Höhe angelangt waren, zeigte uns der Chauffeur in weiter Ferne einen langen, dichtbewaldeten Höhenzug.

„Dort hinüber müssen wir heute noch, um Bougie zu erreichen," sagte er.

Bougie sollte das Endziel des Tages sein. Wir hielten es kaum für möglich, eine solche Strecke in wenigen Stunden zurücklegen zu können. Und doch ging alles programmäßig vor sich.

Die Gegend, die wir nun durchfuhren, war wenig kultiviert und fast völlig unbewohnt und bildete dadurch einen schroffen

Gegensatz zu dem Teil des Landes, den wir bereits kennen gelernt hatten.

Von Taka an fiel der Weg ab in das große unfruchtbare Tal des Sebaou. Eine hohe massive Eisenbrücke, vor noch nicht allzu langer Zeit von den Franzosen erbaut, führte über das breite, arg versandete Flußbett. Dann stieg die Straße am anderen Ufer zwischen grünen Wiesen wieder hinan, und kurze Zeit darauf fuhren wir in Azazga ein.

Auf einer kleinen Hochebene breitet sich das Dorf aus, völlig französisch in seiner Art: gut gehaltene, mit schattigen Bäumen bepflanzte Straßen, Rathaus und Schule, Post- und Gendarmeriegebäude, sogar der öffentliche Platz mit dem üblichen Denkmal fehlt nicht, und zwei Hotels sind vorhanden. So echt wie möglich hat man alles aus der Heimat hierher verpflanzt. Aber man fühlt, es kommt sich verloren und unbehaglich vor in diesem fremdartigen Lande und zwischen dem noch viel fremdartigeren Volke.

Nachdem wir das Dorf mit seinen wenigen Merkwürdigkeiten besichtigt, in einem der Hotels unser Mittagsmahl eingenommen und einen Kabylen in seiner tristen Hütte bei der primitiven, aber außerordentlich geschickten Herstellung einer Art Krapfen, die er zum Verkauf bereitete, eine Weile bewundert hatten, setzten wir unsere Fahrt in östlicher Richtung fort.

Nun sollte es in die großen geheimnisvollen Wälder hineingehen, die sich zwischen Azazga und dem im Tal des Oued*) Sahel gelegenen El-Kseur hinziehen. Es waren dieselben Wälder, die uns am frühen Morgen aus weiter Ferne bereits gegrüßt hatten. Niedriges Gestrüpp drängt sich neugierig bis nahe an das Dorf heran. Aber bald sind wir mittendrin im herrlichen Wald von Yacouren, in dessen dunkler Tiefe ein feierliches Schweigen webt. An sanft abfallender Berglehne entlang zieht sich der Weg, den man durch diese Wildnis gebahnt hat. Meilen- und meilenweit nichts als Eichen! Hundertjährige Veteranen in voller Kraft

---

*) Fluß.

und Frische. Die gewaltigen Stämme werden von Schlinggewächsen fast erstickt. Desto freier und mächtiger dehnen sich die königlichen Kronen und vereinigen ihre Zweige zu einem kühlen, schattenspendenden Baldachin. Kein Laut eines lebenden Wesens drang an unser Ohr. Nichts erblickten wir als hin und wieder ein Vögelchen, das erschrocken über unsere Köpfe hinweghuschte. Und doch sollen in diesem fast undurchdringlichen Dickicht Eber und Schakale, Panther und Affen in Menge ihr Wesen treiben.

Aus der traumhaft grünen Dämmerung tiefer Schluchten ging es wieder hinauf auf sonnenbeglänzte Halden. Der Chauffeur zeigte uns die Stelle, wo vor noch nicht allzu langer Zeit ein Panther erlegt worden war. Suchend wanderten unsere Augen: vielleicht war uns das Glück hold und sandte uns eines dieser prächtigen Raubtiere über den Weg. Aber so oft man dachte, etwas erspäht zu haben, stellte es sich heraus, daß es nur ein buntgestreifter Felsen war, den einmal ein Sturmwind von der Höhe herabgeweht hatte. Oben aber im klaren Äther zeigte sich Leben. Da zogen fahlbraune Geier und raubgierige Bussarde, die durch die lebhafte Zeichnung des Gefieders wie Riesenschmetterlinge aussahen, ihre stolzen Kreise.

Von schattenloser Bergspitze mit herrlichem Rundblick, an unsagbar tristen Dörfern vorüber, die noch viel ärmlicher aussahen als jene um das Fort National herum, ging es wieder hinein in den nicht minder faszinierenden, jungfräulichen Wald von Akfadou. Hier fesselte eine neue Eichenart unser Interesse: viel heller als bei unseren deutschen Eichen schimmerten die Stämme, und die Rückseite der Blätter gleißte wie in flüssiges Silber getaucht, wenn ein Lüftchen sie bewegte oder ein verirrter Sonnenstrahl darüber huschte. Auch hier, wie im Walde von Yacouren, üppigste Vegetation, verzaubertes, geheimnisvollstes Leben, in das das Surren unserer Maschine wie eine profane Entweihung klang.

Wieder klommen wir aus kühlen, pittoresken Schluchten hinauf zu sonnigen Höhen, überquerten den Oued Hammam, dessen Wasser in glitzernden Kaskaden zu Tale springen, passierten die traurigen Ruinen von Ksar-Kebouch und landeten abermals in köstlichem Schatten im Walde von Taourit-Iril. Ja, der Schatten war köstlich, aber die Bäume, die ihn spendeten, waren arm und bedauernswert. Wie fröstelnde Bettler standen sie da, nackt und entblößt, und konnten nichts anderes als ihre Wunden zeigen, die wie mit Blut gefärbt schienen. Es war ein Korkeichenwald, den menschlichen Ansprüchen untertan gemacht. Ein jammervoller Anblick, all diese jungen Stämme fast bis aufs Mark der Rinde beraubt. Wir haben auf unserer Weiterreise durch Algier noch mehr solcher Wälder passiert, die wie etwas lebendig Geschundenes das Mitleid erwecken.

Es tat gut, wieder hinauszukommen mit dem Blick auf ungemessene Fernen. Die Aussicht auf dieser Fahrt hatte nahezu die ganze Kabylie umfaßt: das Tal des Sebaou in seiner vollen Länge, zur Rechten die Berge von Azeffoun, zur Linken die Ausläufer des Djurdjura mit Dörfern besät, an denen entlang wir am Tage zuvor hinabgestiegen waren nach Michelet und Ain-el-Hammam mit dem Fort National im Hintergrunde, und von Ksar-Kebouch aus konnte der Blick über das Tal des Oued Sahel hinüberschweifen zu der mächtigen Barborenkette.

An schattenlosen Bergabhängen ging es nun in steilen Serpentinen hinunter in das Tal des Sahel. Die vereinzelten, von hohen Kaktushecken umrahmten Hütten sahen hier etwas wohlhabender aus. Auch die Straßenränder säumte hoher, dichtverwachsener Feigenkaktus, dessen Früchte für die Eingeborenen ein beliebtes Nahrungsmittel sind.

Unter einer brütenden Sonne setzten wir den Weg im Tal weiter fort nach El-Kseur. Wieviel einladender und heimischer dieser Ort wirkte als Azazga oben in den Bergen! Die niedrigen bunten Häuschen zu beiden Seiten der alten wunderschönen Eukalyptusallee blickten so behaglich drein, Brunnen am Wege murmelten ihre alten Sagen, und die Menschen boten den Fremden freundlichen Tag.

Aber heiß ist es in El-Kseur! Eine schwere, feuchte Wärme, die nach der trockenen Hitze hoch oben in den

Bergen einem wie die Atmosphäre eines römischen Bades entgegenschlägt. Dieser Treibhausluft entsprechend ist die Vegetation in diesem Tale: es gleicht einem üppig wuchernden Garten, alles ist von ungewöhnlicher, überraschender Kraft und Frische.

Zwischen saftigen Wiesen, unter prächtigen alten Pappeln, am Ufer des Sahel entlang führte die mit Fuhrwerken aller Art belebte Straße. Es war nicht zu verkennen, wir waren der Zivilisation wieder nahe gekommen. Auch ein Eisenbahnzug eilte an uns vorbei, lärmend und fauchend seinem Endziele, dem freundlichen El-Kseur, entgegen.

Ein starker, kräftiger Wind setzte ein und ließ uns die Nähe des Meeres vermuten. Bald zeigte sich auch die schimmernde See und aus ihr emporwachsend der hohe festungsgekrönte Gouraya, auf dessen kräftigem Rücken das von Bastionen flankierte Bougie ruht — ein imposantes Bild!

Durch ein hohes spitzbogiges Tor, der sogenannten Sarazener Pforte, die noch aus dem 11. Jahrhundert stammt und eine ausgezeichnete Idee von dem alten Walle gibt, fährt man hinauf in das Innere der Stadt, das zur großen Überraschung völlig modern anmutet. Das Alte, Große und Interessante ist im Verschwinden. Das Neue nur mittelmäßig zu nennen. Französische Sprache und französisches Gebaren allenthalben. Burnus und Turban tauchen nur vereinzelt auf.

Bougie, das Saldae der Römer, Gouraya der Vandalen und Bedjaïa der Kabylen, gleicht mit seiner Geschichte einer schönen Frau, die in der Jugend von allen begehrt, geschmückt und beschenkt wird, im Alter, häßlich und verbraucht, mit leeren Händen dasteht.

Von den Römern, die Festungen, Zisternen und Bäder bauten, nahmen es sich im 11. Jahrhundert die unternehmungslustigen Berber. An 100000 Einwohner bevölkerten damals die glanzvolle Stadt. Im 16. Jahrhundert setzten sich die Türken darin als Herren fest, und unter deren Regime begann der vielbegehrte Ort an Macht und Ansehen zu verlieren und immer mehr auf das Niveau zu sinken, auf dem ihn die Franzosen 1833 fanden. Wenn sie der Stadt nun auch nicht das alte Prachtgewand wieder umlegen konnten, so haben sie doch für ein praktisches und nützliches Alltagskleid gesorgt, und für das übrige kommt die Natur auf. Denn was alle Stürme der Zeit Bougie nicht rauben konnten, ist seine wundervolle Lage, die heute wie vor Jahrhunderten entzückt, ist der unvergleichliche Blick, der sich besonders von dem hochgelegenen Marktplatz aus dem Beschauer bietet. Tief unten leuchtet der Golf in saphirner Bläue, von Schiffen und Barken belebt, und drüben hält die mächtige Kette der Barboren Wache, deren rosige Gipfel dem untergehenden Tagesgestirn als Riesenpalette dienen, auf der es seine zauberhaften Farben mischt.

Die frische Meeresbrise, der duftgeschwängerte Odem des fruchtbaren Tales und die unverfälschte Luft der Berge geben ein köstliches Gemisch, an dem die Lungen sich ergötzen. Alle Sinne genießen während des Sonnenuntergangs in Bougie — wenn man die Stadt selbst im Rücken hat.

Von Bougie nach Setif

Punkt neun Uhr Abfahrt von dem Hotel, von frischer Erwartung erfüllt. Denn nach verschiedenseitigen Versicherungen sollte ja die Strecke Landes, die wir nun durchfahren wollten, noch Größeres und Interessanteres bieten als der Teil, den wir bereits kannten.

Der Himmel blaute, die Sonne strahlte, eine Luft wehte, die berauschte wie köstlicher Sekt, und dazu das unbeschreiblich schöne Gefühl: nun geht es wieder weiter, weiter hinein oder hinaus in diese herrlichste aller Welten.

Lustig stimmte das Auto seine alte Melodie an, knurrte, solange die steilen Straßen Bougies ihm noch Zügelung aufzwangen, und trug uns dann in fröhlicher Eile durch die Ebene dahin.

Zur Linken dehnte sich das kräftig atmende Meer, das die flache Küste mit Schaumwellen befranste, zur Rechten begleiteten uns grünbewaldete Berge. An gut gehaltenen Bauernhäusern vorüber, über glitzernde Bäche, die das Land erfrischen und fruchtbar machen, durch freundliche Dörfer, in denen uns Herden von Ziegen, Schafen und Hühnern den Weg versperrten, führte die Straße.

Nachdem wir den Oued Djema passiert hatten, überraschte uns eine gewaltige Gebirgsszenerie. Der Weg, aus senkrecht abfallenden Felsen herausgeschnitten, führte hinauf zu den Spitzen des Vorgebirges am Kap Aokas. Oben angelangt, entrollte sich vor unseren Blicken ein Panorama von Land und Meer, dessen Schönheit uns verstummen machte. Den Abschluß bildete tief im Hintergrunde der Hafen von Bougie.

Ebenso steil wie zuvor aufwärts, ging es nun hinunter nach Sidi Rehan, einem Wallfahrtsort für fromme Muselmänner. Dann ließen wir das Meer im Rücken und hielten uns landeinwärts. An abschüssigem Ufer entlang folgte der Weg dem kapriziös gewundenen Lauf des Oued Agrioun, durch grünende Täler, durch graue Olivenwälder und schattige Oleanderhaine. Die nächstgelegenen Hügel waren mit Tannen und Eichen, Zedern und Eschen bewachsen, und dahinter strebten schneebedeckte Spitzen in die Wolken. Nicht selten wurde unsere Fahrt durch primitive Fuhrwerke gehemmt, auf denen gewaltige Stämme aus diesen einsamen Wäldern fortgeschafft wurden, der Nutzbarmachung entgegen. Zehn, zwölf, manchmal vierzehn arme Maultiere quälten sich, um ein paar solcher Riesen die steilen Höhen hinaufzubefördern.

Immer mehr schoben sich Täler und Berge ineinander, bis wir die Schlucht Chabet-el-Akra, die Schlucht des Todes, erreicht hatten. An den ungeheuer steil aufsteigenden Wänden der fünf- bis sechstausend Fuß hohen Berge windet sich der Weg entlang. Kräftige Pfeiler stützen die kolossalen überhängenden Felsen, die aussehen, als ob sie den Eindringling erdrücken wollten. Tollkühne Gebirgsquellen stürzen darüber hinweg und zerstieben in Atome, noch ehe sie den Strom erreichen, zu dem es sie zieht. So nahe neigen sich streckenweise nach oben die Berge zusammen, daß die Sonnenstrahlen und das Licht kaum Einlaß finden. Nach unten aber erweitert sich die Schlucht, und in ihrer grausigen, im ewigen Schatten liegenden Tiefe zerschellen die reißenden Wasser des Oued Agrioun an den schroffen Felsenmassen, die ihnen den Weg versperren.

Das Geräusch unseres Wagens trieb Scharen wilder Tauben und Raubvögel aus ihren Ruheplätzen. Lärmend und flügelschlagend flüchteten sie hinauf zur freien Höhe.

Ungefähr in der Hälfte des Weges schwebt eine Brücke über dem Abgrund, und die im ganzen etwa zehn Kilometer lange Straße führt auf der anderen Seite der durch Menschenkunst bezwungenen Schlucht wieder hinaus ins helle, warme Sonnenlicht.

Wie ein freundliches Kindergesicht grüßt beim Austritt das kleine reizende Dörfchen Kerrata herüber.

Hinter Kerrata begann wieder die Steigung nun an steilen, kahlen Bergrücken entlang. Hier hatten wir die erste Panne. Dies gab uns willkommene Gelegenheit, ein Stück Weges zu Fuß zurückzulegen. Menschenleer schien auch diese Gegend, nur große Herden schwarzer Ziegen weideten an schwindelerregenden Abhängen. Es war köstlich zu beobachten, wie die unvorsichtigen Jungen sich auf die exponiertesten Spitzen wagten, dann jämmerlich um Hilfe schrien, und wie geschickt die Alten sie aus ihrer Not erlösten. Oft weit davon entfernt fanden wir dann den Hirten, der schlafend am Wegrande zusammengerollt lag und mehr einem Häufchen alter Lumpen als einer menschlichen Gestalt glich.

Tief in Talmulden kauerten hin und wieder ärmlich aussehende Besitzungen. Einzelne Aprikosenbäumchen am Wege wirkten mit ihrem zarten, duftigen Blütenschmuck in dieser wilden und baumlosen Gegend wie ergreifende Gedichte.

Vom hohen Bergkegel herab grüßte das Fort Takitount, das nahe den Überresten einer römischen Niederlassung sich erhebt.

In Amoncha, einem freundlichen Dorfe mit buntgestrichenen Häuschen, machten wir eine Weile Halt, um den Durst der Maschine zu stillen und ihr ein wenig Zeit zum Verschnaufen zu geben. Sie hatte wahrlich keine leichte Arbeit geleistet, und eine ziemliche Anstrengung lag noch vor ihr. Steigend und fallend führt die Straße von Amoncha weiter durch nahezu unkultivierte Gegenden, über Berge, deren Flanken von wilden Gebirgsbächen zerrissen und zerklüftet sind, bis hinauf auf die Ebene, die völlig den Charakter öder Hochgebirgslandschaft trägt. Hier trat wieder etwas Leben in die Erscheinung, und eine prachtvolle Staffage bildeten die schwerbepackten Kamelherden in diesem großzügigen Naturbild.

* * *

Auf einer Hochebene, in glühender Sonne ausgebreitet, liegt Setif. Hier gibt es nichts weiter als Soldaten. Dieser Eindruck drängt sich einem zuerst auf, wenn man durch einen Festungswall in die Stadt eingedrungen ist. Aber nachdem man das Viertel, das nur für das Militär bestimmt ist, passiert hat und durch eine zweite Wallumgürtung in die eigentliche Stadt gelangt ist, bemerkt man, daß sie breite, mit Bäumen gesäumte Straßen hat, große Squares und viele Läden, Cafés und Restaurants in Menge, auch lebhaftes Treiben auf den Straßen. Und doch, wie mutet einen alles so unbeschreiblich öde, nichtssagend und gelangweilt an! Ist das wirklich die Signatur Setifs? Ist es nur der ungeheure Gegensatz zu den vielgestaltigen und gewaltigen Naturbildern, die man in sich aufgenommen hat?

Nach einem völlig französischen Dejeuner — die Speisekarte hätte ebensogut aus einem Pariser Boulevard-Restaurant sein können — wanderten wir durch die Stadt zu einem der vier großen Tore hinaus auf den Marktplatz, den Sonnabends Tausende von Eingeborenen bevölkern. Ein alter Araber, groß gewachsen, mit einem Herrengesicht, trat an uns heran, und wegen seiner Einmischung sich entschuldigend, gab er uns verschiedene Aufklärungen. Auch machte er darauf aufmerksam, daß im Negerdorfe ein Fest gefeiert würde. Seine Haltung, sein ganzes Benehmen hatten etwas so Vornehmes, daß wir ein wenig zaghaft die Frage stellten, ob er uns wohl dahin begleiten wollte. Nach einigem Zögern fand er sich dazu bereit.

Über den harten, von der Sonne ausgebrannten Boden an einem blinden Märchenerzähler vorüber, den ein großer und aufmerksam lauschender Zuhörerkreis umlagerte, über ein weites, holperiges Gelände brachte er uns nach der Ansiedlung der Neger. Fette Frauen, in schreiend grelle Farben gekleidet, hockten singend vor ihren Lehmhütten, dicklippige schwitzende Männer rannten, lebhaft gestikulierend, umher, splitternackte Kinder sielten sich laut lärmend auf dem Boden. Das Fest hatte noch nicht begonnen, und keiner wußte genau, wann es seinen Anfang nehmen sollte. Diese Vertröstung auf völlig Ungewisses und die unbarmherzig stechende Sonne trieben uns zur schleunigen Umkehr. Während wir, bei dem Stadttor angelangt, noch berieten, ob wir unserem würdigen Führer mit der stolzen Adlernase und den feinen, schlanken, arbeitsfremden Händen ein Geschenk anbieten durften, sagte er in liebenswürdigster Form:

Unser Begleiter in Setif

„Wenn Sie mich nun mit einer Kleinigkeit entlohnen wollten, wäre es mir lieb. Ich bin müde und möchte mich ausruhen."

Ich muß gestehen, wir waren im ersten Augenblick etwas verdutzt, das stand nach unseren Begriffen so gar nicht im Einklang mit der ganzen äußerlichen Persönlichkeit dieses Mannes. Ihm schien es das natürlichste der Welt zu sein. Mit leichtem, eleganten Dank steckte er die paar Franken ein, verabschiedete sich und ging stolzen Schrittes davon.

* * *

Unser braves, tüchtiges Auto hatten wir entlassen. Mit ihm hatten wir von der wilden, eigenartigen Kabylie Abschied genommen. Von Setif aus sollte die Fahrt per Bahn weitergehen. Als wir das Hotel erreichten, war der kleine Omnibus, der den Verkehr nach der Bahn vermittelte, bereits vollständig besetzt. Was tun? Die Zeit war knapp und der Weg ziemlich weit. Irgendein Fahrzeug mußte herbeigeschafft werden. Nach kurzem Warten kam ein kleiner Wagen in der Art unserer Breaks, dick mit Stroh ausgelegt. Gott weiß, wozu er sonst benutzt wurde! Wir wissen nur und empfanden es schmerzhaft, daß eine Anzahl kleiner blutgieriger Tierchen die Gelegenheit benutzte, zugleich mit uns Setif zu verlassen und auf Reisen zu gehen.

Während wir auf den Zug warteten, der mit etwa drei Viertelstunden Verspätung in Setif eintraf, hatten wir noch ein kleines, interessantes Erlebnis: zwei Damen, unverkennbar Amerikanerinnen, kamen auf uns zu und fragten meinen Mann, ob sein Name so und so sei. Und es stellte sich heraus, daß er vor zwanzig Jahren den Bruder dieser Damen, die aus Los Angelos stammten, in Kissingen getroffen, daß sie sich freundschaftlich aneinander angeschlossen und sich gelegentlich auch zusammen auf einem Bilde hatten photographieren lassen. Der Briefwechsel war im Laufe der Jahre eingeschlafen. Das Bild aber behauptete noch immer seinen Platz auf dem Schreibtisch des Bruders, und nach der auffallenden Ähnlichkeit hatten die Damen auf die Identität meines

Mannes geschlossen. Dies kleine Vorkommnis zeigte wieder einmal klar, wie eigenwillig der Zufall spielt und wie wir doch heute ganz und gar im Zeichen des Verkehrs leben.

Für alle, die Zeit, viel Zeit und ebenso viel Geduld haben, muß es ein Vergnügen sein, in Algier mit der Bahn zu reisen. Sie scheint es für ein Verbrechen zu halten, schnell zu fahren, und sie hält oft, fast möchte man sagen, sie hält immerzu. Aber trotzdem brachte sie es fertig, uns — wenn auch mit der angemessenen Verspätung — nach El-Guerrah zu bringen.

Es war eine pechschwarze Nacht, so schwarz, wie ich noch nie eine Nacht gesehen hatte. Trotzdem war der winzige Bahnhof von El-Guerrah nicht erleuchtet. Nur auf dem Bahnsteig an einem Stock hing eine kleine blakende Ölfunzel. Sie ließ das Dunkel herum nur noch dicker und undurchdringlicher erscheinen. Eine ganze Anzahl Passagiere stieg aus, denn in El-Guerrah trennen sich die Linien, die nach Biskra und nach Constantine führen. Wie alle diese Reisenden mit ihrem Gepäck in dieser ägyptischen Finsternis und fast ohne Gepäckträger sich zurechtfanden, ist mir noch heute ein Rätsel.

In einiger Entfernung von dem Bahngleise schimmerten ein paar erleuchtete Fenster. Der arabische Führer unserer neuen kalifornischen Bekannten war mit den Örtlichkeiten vertraut. Er brachte uns hinüber nach dem freundlich blinkenden Hause, einem Hotel, in dem man über Nacht Unterkunft findet und das Atzung für die Reisenden bereit hält. Wir fanden alles in größter Aufregung. Immer wieder hörte man das Wort „Karawane" von Wirt zu Angestellten schwirren. Wir dachten uns darunter eine Kamelherde mit Beduinen, Frauen und Kindern, und da wir nach allem, was wir von der Lebensweise dieser Karawanen wußten, nicht annehmen konnten, daß sie in dem Hotel übernachten würden, konnten wir uns die Unruhe nicht erklären. Wir riefen den Kellner und bestellten das Essen. Die Antwort darauf war:

„Gehören Sie zur Karawane?"

Erstauntes „Nein!" von unserer Seite.

Arabische Typen

Seine Erwiderung:

„Bedaure sehr, aber die Karawane muß zuerst bedient werden."

Und nun stellte es sich zu unserer Überraschung heraus, daß man unter „Karawane" hier eine Cooksche Reisegesellschaft meinte.

Der arabische Führer, nicht unbekannt in dem Hause, machte kurzen Prozeß. Er ging in die Küche, half beim Anrichten und sorgte geschickt dafür, daß uns die Speisen sofort serviert wurden. Und danken mußten wir es ihm; denn als die, wie wir nun sahen, mit berechtigter Aufregung erwartete „Karawane" die Speisestube stürmte, war für keinen anderen Gast mehr etwas zu erreichen. Wie ein Schwarm ausgehungerter Heuschrecken vertilgten sie alles, was kam. Aber selbst wenn noch etwas übriggeblieben wäre! Bis die „Karawane" befriedigt war, war auch die Zeit verstrichen, und der Zug zur Abfahrt nach Batna ließ seinen Mahnruf zum Einsteigen ertönen.

Oh, diese kosmopolitischen Karawanen! Wieviel Ruhe, Lebensart und Vornehmheit — ja, ich kann kein anderes Wort als Vornehmheit gebrauchen — könnten sie von den Mitgliedern einer echten Karawane lernen, von jenen armen, verachteten Beduinen, die heimatlos die Wüste durchziehen!

Nun bestiegen wir wieder den Zug. Wo mag die französische Gesellschaft wohl die Wagen her haben, die sie auf ihren Bahnen in Algier benutzt! Stammen sie aus jener Zeit, da die Eisenbahn aufkam und man noch nicht wußte, was Bequemlichkeit auf der Reise bedeutet? Sollten diese Wagen irgendwo auf Abbruch verkauft werden, und man hat sie billig erstanden? Jedenfalls sind sie für unsere heutigen Begriffe ganz unmöglich. Man brauchte fast eine Leiter, um hinauf in das Coupé zu klettern, in ein Coupé, das schmal und eng und so niedrig war, daß man mit dem Kopfe an die Decke stieß. Und das Licht! Es war entsprechend der Beleuchtung auf dem Bahnhof von El-Guerrah. Unmöglich, eine Zeile zu lesen. Aber nebenan im Wagen brannte die Lampe überhaupt nicht — das war vielleicht noch schlimmer.

Zu acht waren wir in ein Abteil erster Klasse gepfercht wie die Heringe. Ein ältliches französisches Ehepaar hatte zwei Eckplätze inne. In weislicher Fürsorge hatten die Leutchen ihr Essen mitgebracht, und mit nicht endenwollendem Appetit vertilgten sie aus buntfarbigen Tüten die unglaublichsten Dinge. Als man es schon gar nicht mehr erwartete, machten sie aber doch Schluß, und befriedigt lehnte sich jeder in seine Ecke. Und nun schnarchten sie ein Duett. Das triste Licht, das, wie um uns zu höhnen, immer mit Erlöschen drohte, in dem engen Raume die vielen Gesichter, die in der ungewissen Beleuchtung bleich und gespenstisch wirkten, die schlechte und verbrauchte Luft — denn der Empfindlichkeit eines Passagiers wegen konnte nur ein kleiner Spalt eines Fensters geöffnet werden — das schnarchende Dickhäuterpaar in der Ecke, es war um Selbstmordgedanken zu bekommen.

Endlich, endlich Batna! Wir konnten unserem Gefängnis entrinnen. Ein Omnibus war auf dem Bahnhofe, um uns nach dem Hotel zu befördern. Die Pferde wollten wohl ihre letzte Arbeit an diesem Tage so schnell wie möglich hinter sich haben. Wie wild geworden gingen sie los, daß der Wagen auf dem schlechten Pflaster nur so flog und krachte und die verschlafenen Köpfe der Insassen aneinander pufften. Ein Glück! Wir hatten von Bougie aus bereits Zimmer bestellt. Wer diese Vorsicht nicht gebrauchte, hatte schwere Mühe, ein Plätzchen zu finden, wohin er sein müdes Haupt über Nacht betten konnte. Diese entsetzliche „Karawane" hatte auch hier wieder alles mit Beschlag belegt.

* * *

Um elf Uhr am nächsten Morgen verließen wir das staubige, heiße, schattenlose, grenzenlos nüchterne Batna, das ebenso wie Setif hauptsächlich Militärstation bildet. Mit einigem Bangen bestiegen wir den Zug. Er unterschied sich zu unserer Freude aber vorteilhaft von seinem mißratenen Kollegen, der uns am vorhergegangenen Tage befördert hatte. Dieser Zug, der in direkter Linie die Stadt Algier

Flötenspieler

mit Biskra verbindet, weist Schlafwagen und einigermaßen modernen Komfort auf und gilt darum als der beste im Lande.

Schnaubend und stöhnend verfolgte die Lokomotive ihren Weg durch Täler, über Berge und Flüsse hinweg und an altersgrauen Bauresten aus der Römerzeit vorüber. In Lambiridi, dem höchsten Punkte, den die Bahnlinie erreicht, verpustete sie sich eine Weile und glitt dann geräuschlos wieder bergab. Auf dieser Strecke wächst die Aufregung des Reisenden, der zum ersten Male des Weges kommt. Zwar ist er erstaunt und überrascht von den herrlichen Farben, die das kahle Felsgestein hier zeigt: sattes Violett und tiefes Rot, leuchtendes Gelb und zartes Blau, hartes Weiß und warmes Braun — alles in einer harmonischen Verteilung, wie es allein die große Natur zustande bringt. Aber von diesen Betrachtungen hinweg wandern die Gedanken immer wieder voraus zu dem Wunderbaren, das nun kommen soll: El-Kantara und dahinter die gewaltige Wüste!

Der Weg zu diesem Kulminationspunkt könnte nicht besser in Szene gesetzt sein, wenn mit allem Raffinement das geschaffen worden wäre, wozu einfach die Bodenformation zwang. Man kommt durch einen Tunnel. Ihm folgt ein anderer. Doch nichts Besonderes zeigt sich in den kurzen lichten Pausen, die dazwischen eingeschoben sind. Aber nun geht es wieder einmal in das Innere eines Berges hinein, und beim Austritt hält mit einem sieghaften Ruf der Zug inne. Hoch oben steht trotzig ein altes Römerkastell, tief unten liegt ein hübsches kleines Tal. Ein paar europäische Häuser in hellen Farben, umwuchert von dichtem Blattwerk, laden freundlich zu Gaste. Wilde Bergwasser rauschen und verschwinden zwischen den steilen Wänden des Auresgebirges, das, breit und wuchtig dahingelagert, jedes weitere Vorwärtsdringen auszuschließen scheint. Aber es scheint nur so, denn unser Zug findet seinen Weg durch den Spalt, den die Natur geschaffen und den der Strom in ungezählten Jahren immer tiefer ausgefressen hat, durch die düstere Schlucht von El-Kantara, und trägt uns in wenigen Sekunden hinaus in das mit solcher Ungeduld Erwartete, in das Wunderbare, in eine andere Welt.

Etwas benommen schließt man im ersten Moment die Augen vor der blendenden Helle, und wie um das große Erlebnis noch ein wenig zu verzögern, haftet der Blick zuerst an dem üppig grünen Eiland, das sich hier an den Saum der Wüste geflüchtet hat. Tausende und Abertausende von herrlichen Palmbäumen stehen dichtgedrängt. So nahe sind sich ihre Kronen, daß man glaubt, darüber hinwegschreiten zu können. Wohin man blickt, ein Wachsen und Sprießen. Dank den Wassern des Oued Kantara, die in vielen kleinen Rinnsalen durch das Gelände geleitet sind, herrscht eine fast übertriebene Fruchtbarkeit. In das saftige Grün gebettet und um die Insel herum, wie Perlen eines Rosenkranzes aneinandergereiht, liegen fensterlose Lehmhütten mit flachen Dächern, in jeder Hinsicht völlig anderen Charakters als alles, was wir bis dahin gesehen hatten.

Und nun von diesem lieblichen Bilde hinweg wagt man hinauszuschauen in die unter glühender Sonne sich dehnende Sahara. Ist es die Wüste, wie wir sie uns als Kind nach Märchenerzählungen vorgestellt haben, wie sie uns nach Begebenheiten aus der Bibel nahegebracht, wie wir sie in Romanen geschildert fanden? Etwas von alledem und doch anders!

Eine unbeschreiblich herbe Größe liegt über dieser baum- und strauchlosen Öde, eine rätselhafte Größe, hinter der man grausige Geheimnisse vermutet, eine gewaltige Größe, die ahnen läßt, wie erbarmungslos und unerbittlich sie mit ihren Opfern verfahren muß. Welche Offenbarungen mochte dieses Land wohl für uns bereithalten?

Noch einmal lenken wir unsere Blicke rückwärts. Wie eine unüberwindliche Mauer zieht sich die Gebirgskette des Tell von Ost nach West. Nur ein kleiner, halbkreisförmiger Ausschnitt unterbricht die schroff gezackte Gipfellinie. Es ist der Ausschnitt, durch den wir hereingeschlüpft sind, und den die Araber den „Mund der Wüste" nennen.

Wir passieren, immer dem Flußbett folgend, El-Outaya, die erste Oase auf dem Wege in das weite Sand- und Geröllgefilde, und dann hat die Bahn ihr letztes Ende erreicht. Wir halten in Biskra.

Biskra

Königin des Ziban", „Königin der Wüste" wird diese Oase in der bilderreichen arabischen Sprache genannt. Aber ich glaube, mancher, den diese Benennung gefangen genommen, der sich danach im Geist bereits ein Bild fertig ausgemalt hatte, wird im ersten Augenblick, da er den Ort kennen lernt, tiefenttäuscht sein. Unsere Gedankenverbindung geht nun einmal dahin, daß wir uns unter einer „Königin" etwas ganz Herrliches, Vornehmes, Unnahbares vorstellen. Eine rechte Königin muß Majestät um sich verbreiten, muß im goldgestickten Kleide mit der schimmernden Krone auf dem Haupte erscheinen. Diese wichtigen Tribute fehlen der „Königin des Ziban". Man könnte die Oase eher mit einer schönen jungen Araberin vergleichen. Vom Kopf bis zu den Füßen in einen Schal gehüllt, der nichts als ein vielversprechendes Auge freiläßt. Sinkt die Hülle, so zeigt sie ein fesselndes Gesicht von dunklem Haar umrahmt und edle Formen, die von Schönheit und Grazie erzählen: So ist Biskra.

Die Ankunft auf dem kleinen, schmutzigen Bahnhof, der so verloren auf der öden Strecke liegt, der Weg in die Stadt auf schlechter, schattenloser Straße, das französische Viertel, das man zuerst erblickt, nicht Dorf, nicht städtisch, bilden den verhüllenden und wenig schönen Mantel. Und wer als flüchtiger Tourist Biskra besucht, wer bei der Ankunft schon festgesetzt hat, welcher Zug ihn am zweiten oder dritten Tage wieder über das Auresgebirge zurücktragen soll, der mag wohl in den seltensten Fällen den wirklich ungewöhnlichen Reiz dieser Oase kennen lernen. In seiner Erinnerung mag sie nur als eine von den vielen mittelmäßig Schönen weiterleben, die ihm auf langer Reise begegnet sind. Aber dem, der an sie glaubt, der nicht nach dem ersten Eindruck den Stab über sie bricht, der bleibt und um ihre Gunst sich bemüht, für den sinkt die störende Hülle, und den lohnt sie reich und verschwenderisch wie eine echte Königin mit all ihrer Schönheit.

Welch wundervolles Gefühl liegt allein in dem Bewußtsein an jedem Morgen: Heute wird der Himmel wieder blauen, die Sonne wieder scheinen!

Dort, in gar nicht weiter Ferne, hinter der Gebirgskette wehen eisige Winde, Schneegestöber füllt vielleicht die Täler. Über den himmelwärts strebenden Kuppen hängen schwere graue Wolken. Aber wie von unsichtbarer Hand werden sie dort festgehalten. Keine wagt sich herüber. Ein strahlendes, wolkenloses Firmament dehnt sich über Biskra, über die endlose dahinter liegende Sahara.

* * *

Jussuf ben Saad wurde unsere rechte Hand in Biskra. Durch Freunde, bei denen er längere Zeit sein Amt als Führer ausgeübt hatte, war er uns empfohlen. Wir wußten also, was wir an ihm hatten. Über mittelgroß, schlank gewachsen wie alle Araber, mit einer Art Raubvogelphysiognomie, durch leichte Pockennarben gezeichnet und in jeder freien Minute Zigaretten rauchend, das ist Jussufs äußerer Steckbrief. Seine Kollegen mochten ihn nicht gern. Sie machten ihm zum Vorwurf, daß er die Interessen der Fremden zu sehr vertrat, die sich ihm anvertrauten. Denn warum diesen Fremden irgend etwas sparen helfen, da sie doch gekommen waren, um Geld zu verausgaben? Das war die Ansicht, der sie huldigten. Aber Jussuf war stolz auf seinen Ruf und tat sein möglichstes, ihn zu erhalten. Dabei mag ihm dies gerade in jener Zeit nicht ganz leicht gefallen sein, denn er war in Geldnöten. Er hatte sich wieder einmal eine Frau gekauft. Es war die dritte. Von der ersten hatte er sich scheiden lassen, weil er sie nicht mehr leiden mochte. Die zweite liebte er sehr. Aber sie hatte die schlechte Angewohnheit, ihn während des Schlafes zu bestehlen. Für das Geld kaufte sie sich Schmuck oder sie gab es ihren Eltern. Da alle Schläge — das beliebte und häufig angewandte Erziehungsmittel des Arabers — nichts halfen, sandte er sie wieder nach Hause zurück. Und nun hatte er, wie gesagt, sich Nummer drei zugelegt. Bei den Arabern

Jussuf

ist es streng verpönt, über ihre Frauen, überhaupt über Familienangelegenheiten zu sprechen. Aber Jussuf war schon so weit europäisiert, daß er antwortete, wenn man ihn über diesen Punkt befragte. Und so erfuhr man, daß die Frau gerade dreizehn Jahre geworden und schön, sehr schön sei. Und daß er unter verschiedenen Bewerbern als Sieger hervorgegangen war, weil er den höchsten Preis geboten hatte, nämlich 1500 Franken. Da er nicht soviel an Vermögen besaß, hatte er nur einen Teil der Summe bezahlt, und der Rest sollte in Raten beglichen werden. Konnte er diese nicht innehalten, so kamen ohne Frage die Eltern und holten ihr schönes Töchterchen wieder nach Hause. Das waren keine ergötzlichen Aussichten. Aber trotz seiner großen Verliebtheit und seiner Geldsorgen stand Jussuf auf der Höhe der Situation. Vom frühen Morgen bis in die Nacht hinein war er uns ein freundlicher und williger Cicerone. Öfter kam es vor, daß man ihn für den Rest eines Tages entließ, weil man glaubte, seiner nicht mehr zu bedürfen. Wünschte man dann eine Weile später aus irgendeinem Grunde ihn doch zu haben, so stand er sicher, wie dahin gezaubert, wieder vor dem Hotel. Und niemals empfand man seine Gegenwart störend, wie dies so oft bei europäischen Führern der Fall ist. Er wußte genau, wann er reden und wann er schweigen sollte. Er verstand die große Kunst, sich unbemerkt zu machen, ohne als untergeordnetes Wesen zu erscheinen.

Unter Jussufs Führung lernten wir Biskra so sehen, wie man es sehen muß, um die Oase liebzugewinnen. Oh, diese unvergeßlichen Schlenderstunden in Alt-Biskra! Diese köstlichen Vormittagswanderungen durch seine verträumten Gassen! Die Morgensonne zaubert zartrosa Reflexe auf die gelben, primitiven, oft geborstenen Lehmwände. Stolze Palmenhäupter neigen sich in der frischen Brise grüßend darüber. Meist führen die kapriziös gewundenen Wege an der langsam dahingleitenden Seguia*) entlang, die unter den Häuser-

---

*) Seguia — kleiner, künstlich angelegter Wassergraben.

mauern hindurch in kleinen Rinnsalen ihr kostbares Naß in die Gärten sendet. Straßenweit manchmal kein lebendes Wesen zu erblicken. Kein anderer Ton zu vernehmen als das melancholische Murmeln eines Brunnens.

Unter Straßenüberbrückungen, in denen kühler Schatten nistet, liegen graue Gestalten, in den Burnus gehüllt, die Kapuze über das Gesicht gezogen. Selbst in der Nähe von dem Erdboden kaum zu unterscheiden. Schlafen, wachen, träumen sie? Wir streifen hart an ihnen vorüber. Aber nicht die leiseste Bewegung verrät, daß Leben in ihnen wohnt.

Auf der Plattform eines Hauses steht eine vermummte Frauengestalt. Auch sie reglos, wie zu Stein erstarrt. Doppelt phantastisch wirkend unter einer zu lautem Jubel herausfordernden Sonne.

Ein gehaltenes Sprechen dringt an unser Ohr. Stimmen, die erwidern. Wir gehen dem Klange nach und finden in dem Erdgeschoß eines Hauses etwa zwölf Männer versammelt. Im Kreise sitzen sie auf dem mit Matten bedeckten Boden um einen Mann mit einem Patriarchenkopf. Er ist ein Gelehrter, der einzige aus der Versammlung, der die Kunst des Lesens beherrscht. Mit gedämpfter Stimme trägt er einen Satz aus dem Koran vor, und unter Fragen und Antworten, Reden und Gegenreden wird dieser Satz nun von allen Seiten beleuchtet und zerpflückt.

„Sie stören nicht. Treten Sie nur ein," redet uns Jussuf zu.

So wagen wir uns über die Schwelle, in den kahlen, halbdunklen Raum, dessen Türe weit offen steht. Und in der Tat, nicht ein Auge wendet sich nach den Eindringlingen. Es ist, als ob wir gar nicht existierten.

Ein paar der Jünger gehen. Voller Ehrfurcht pressen sie einen Kuß auf den Burnus des Meisters, schlüpfen in ihre Pantoffeln, die sie innerhalb des Einganges abgelegt haben, und verlassen lautlosen Schrittes den Raum.

In einer anderen Gasse empfangen uns fröhliche Kinderstimmen. Entzückende kleine Buben stürzen auf uns zu.

Zartgliedrig sind sie, sonngebräunt, mit kecken Gesichtern und dem schwarzen Haarbüschel mitten auf dem Kopf, an dem Allah sie einst zu sich holt. Und sie werden von ebenso kecken kleinen Mädchen verdrängt, mit feinen, weichgerundeten Gliedern, auffallend schlanken, schöngeformten Händen und Füßen und großen dunklen Augen, die eine lebhafte und kokette Sprache reden. Die kleinen Jungens oft ganz nackt oder mit einem viel zu großen Burnus angetan, die Mädchen in bunte Lumpen gehüllt. Sie alle wollen von den Fremden Backschisch. Und eine lustige Szene entwickelt sich, wenn eines der ihnen zugeworfenen Geldstücke vom schmalen Weg hinab in das Bett der Seguia rollt und der ganze Kindertroß im nächsten Moment in der kühlen Flut sich balgt, um den Ausreißer zu erwischen.

Hin und wieder, wo die Seguia etwas breiter fließt, trifft man Frauen und Mädchen beim Waschen. Die Hände in die Hüften gestützt, bearbeiten sie das Wäschestück mit den Füßen auf Steinen, die ausgehöhlt und glatt und glänzend sind wie geschliffener Marmor.

Und dasselbe Wasser, in dem sich die Jugend balgt, in dem man die Wäsche reinigt, wird auf seinem Wege in einem der nächsten Häuser geschöpft und zum Kochen verwandt. Das Reinlichkeitsgefühl ist wenig ausgeprägt, und Bazillenfurcht kennt man nicht in diesem Sonnenlande.

Oft genug waren wir schon an den kleinen, niedrigen Hauseingängen vorübergewandert, die immer so fest verschlossen sind, als hätten sie große Geheimnisse zu hüten. Oft genug hatte uns der Wunsch gepackt, einmal hindurchzuschlüpfen, um einen Blick auf das werfen zu können, was sich dahinter barg, auf die Menschen, die in unserer Einbildung ein gleichsam verzaubertes Leben dort führten. Und eines Tages wurde uns auch dieser Wunsch erfüllt.

Es war das Haus eines reichen Mannes, das zu besuchen uns Jussuf die Erlaubnis erwirkt hatte. Die niedrige, aus Palmenholz gefertigte Eingangstür führte in ein scheunenartiges Gewölbe, in dem Hühner und Ziegen bei unserem

Eintritt erschreckt durcheinanderstoben. Ein bissig aussehender Köter stürzte kläffend auf uns zu, so daß wir uns keinen Schritt weiter wagten. Aus dieser Lage rettete uns ein kleines, süßes, schmutziges Mädchen. Sie geleitete uns hinein in eine Art Hof von ziemlicher Größe, der nur zum Teil mit einzelnen großen Palmwedeln gedeckt war, zwischen denen das Sonnenlicht hindurchsickern konnte. Ein Kreis in der Mitte blieb völlig frei, und Licht und Wärme drangen ungehindert ein. Die Lehmwände waren hier drinnen genau so kahl wie an der Außenseite des Hauses. In einer Ecke, in einem primitiven Bassin, sickerte ein Brünnchen, Wasser der Seguia, das durch das Haus geleitet wird und das ein wenig Kühlung verbreitet. Auf einem Gestell hing eine Guerba, ein schwarzes, nicht enthaartes Ziegenfell, das innen mit Pflanzenteer ausgepicht ist und Trinkwasser enthält. Sonst nicht ein einziger Gegenstand im ganzen Raum.

Den Boden in der Mitte bedeckten Matten aus Alfa*) und zartfarbige Teppiche. Und darauf hockte ein junges Weib, das höchstens zwölf Jahre zählte, und nicht weit von ihr ein kleines, nacktes Bübchen. Die Frau schien in schlechter Laune zu sein, denn sie gab sich kaum Mühe, unseren Gruß zu erwidern. Keine Miene verzog sich in ihrem gelblichen, rassigen Gesichte, und Mißmut lag in ihren großen dunklen, mit schwarzblauer Farbe stark umränderten Augen. Die Fingernägel hatte sie, wie die meisten Araberinnen, mit Henna gefärbt, ebenso Streifen ihres üppigen schwarzen Haares. Ungewöhnlich viel Schmuck bedeckte Hals und Brust, Hand- und Fußgelenke und war der deutlichste Beweis dafür, daß wir wirklich die Frau eines reichen Mannes vor uns hatten.

Durch Jussuf hatten wir gehört, daß sie des Französischen mächtig sei, und so sagten wir ihr einige liebenswürdige Dinge in dieser Sprache und unseren Dank für die Erlaubnis, ihr Haus besichtigen zu dürfen. Sie murmelte

---

*) Alfa — ein Wüstengras.

Markt in Biskra

darauf etwas in Arabisch, das durchaus nicht freundlich klang, und machte auch nicht die geringste Miene, sich zu erheben und uns etwas mehr von dem Innern ihres Heims zu zeigen.

Ein unbehagliches Gefühl erfaßte uns, und wir beratschlagten gerade, ob es nicht am besten wäre, sich wieder zu empfehlen, als sich neben uns auf dem Boden ein Bündel bunter Lappen bewegte, aus denen sich ein entzückendes junges goldbraunes Geschöpf herausschälte. Noch waren ihre Augen ein wenig schlaftrunken, aber ungezählte Teufelchen des Übermuts, der List und Koketterie spukten schon darin. Ihre Schmucksachen klirrten leise, als sie sich wie ein geschmeidiges Raubtierchen erhob, dehnte und streckte und uns fröhlich lächelnd in ihrer arabischen Sprache begrüßte.

In der Annahme, daß man uns nicht verstand, stellten wir Vergleiche über die beiden weiblichen Wesen an, die selbstverständlich alle zugunsten der kleinen, anmutigen Langschläferin ausfielen.

Da mit einem Male — war es gekränkte Eitelkeit, die es bewirkt, war es nur ein Stimmungsumschlag — sprach die junge Frau mit dem gelblichen, rassigen Gesicht in völlig geläufigem Französisch zu uns, stellte uns ihre Mitbewohnerin als ihre Schwägerin vor und lud uns ein, neben ihr auf dem Teppich Platz zu nehmen. Nun, nachdem das Eis gebrochen war, erzählte sie uns von sich und ihrem Leben.

Ihr Geburtsort lag in der Nähe von Biskra, wo ihr Vater eine Stellung bei der französischen Regierung bekleidete. Sie hatte jahrelang die französische Schule besucht und hegte eine große Vorliebe für alles, was französisch war. Am liebsten hätte sie auch nach europäischer Sitte geheiratet. Aber da kam eines Tages der reiche arabische Freiersmann, und der Vater bestimmte, daß sie ihn nehmen mußte. Man hört häufig, daß es den arabischen Mädchen, die ihren Bräutigam in der Hochzeitsnacht zum ersten Male sehen, ziemlich gleich sei, wen sie heiraten. Ein Mann sei ein Mann. In diesem Falle traf dies sicher nicht zu. Dieses junge Geschöpf empfand es deutlich, daß sie ein Opfer ihrer

Erziehung und der Sitten des Landes geworden war, die einem Mädchen nicht erlauben, den Gatten selbst zu wählen. Für alles, was man sie einst gelehrt, hatte sie nun keine Verwendung mehr. Sie war sich völlig klar über das Unwürdige in der Stellung eines arabischen Weibes, das absolut nichts weiter ist als der Spielball für die leidenschaftlichen Sinne des Mannes. Sie litt unter dem Eingepferchtsein und der Abgeschlossenheit von allem, was Leben heißt, sie verabscheute ihr arabisches Kostüm, an dem sie verächtlich zupfte, und suchte selbst zu vergessen, daß sie der französischen Sprache mächtig war, da mit dieser Sprache immer die Erinnerung an das zurückkam, was einst gewesen war. Nun hatten wir die Erklärung für ihre stumme Unliebenswürdigkeit.

Während sie uns dies erzählte, kurz, abgehackt, beinahe wie gegen ihren eigenen Willen, beschäftigte sich ihre Verwandte, die kein Wort von der Unterhaltung verstand, damit, unsere Garderobe von Kopf bis Fuß zu untersuchen. Bis zu den intimsten Kleidungsstücken drang sie vor, und bald erstaunt, bald höchlich amüsiert, plapperte sie darüber zu der ernsten Schwägerin. In dem verführerischen Köpfchen dieses geschmeidigen Wesens steckten keine schweren Gedanken. Sie war wohl ein Muster des Alltagstyps, zufrieden mit sich und den Dingen, wie sie nun einmal waren.

Das kleine, nackte Bübchen, das unser größtes Erstaunen erregte, denn es hatte blaue Augen und rotblonde Löckchen, hatte sich die ganze Zeit über völlig ruhig verhalten und mit großen, erstaunten Blicken die Fremdlinge betrachtet. Aber nun wurde es ihm wohl doch zu langweilig. Laut schreiend rutschte es auf die Mutter zu, die Frau mit den düsteren, unzufriedenen Augen, zerrte an deren Gewand und suchte wie ein Tierchen nach der Brust. Diese Brust, die so schlaff und welk und verbraucht aussah, als ob sie einem bejahrten, von Not und Hunger ausgemergelten Weibe gehörte. Entsetzen und Mitleid erfaßten uns. Denn hier sahen wir die Folgen dieser allzufrühen Heiraten. Die Folgen

Alt-Biskra

von Ehen, in denen der zarte, noch fast kindliche Körper des Mädchens in den seltensten Fällen schon den Ansprüchen gewachsen ist, die Frauen- und Mutterpflichten an ihn stellen.

In einer Art gedecktem Alkoven, in dem ein Kochtopf über einem Feuer brodelte und in der flachen Kuskusschüssel ein paar bunte Wäschestücke eingeweicht lagen, hantierte eine alte Frau. Hin und wieder streckte sie den Kopf aus ihrer Ecke und betrachtete uns mit neugierigen Augen. Nach einer Weile kam sie hervor und hockte sich ein Stückchen von uns entfernt auf den Boden nieder. Ganz scheu und vorsichtig, als ob sie nicht bemerkt sein wollte. Wir dachten, es wäre eine Angestellte, erfuhren dann aber zu unserem Erstaunen, daß es die Schwiegermutter sei. Ein Weib, das etwa fünfunddreißig Jahre zählte — die Menschen wissen hier ihr Alter nur immer so ungefähr —, jedoch wie eine schlechterhaltene Sechzigjährige aussah. Sie wohnte im Hause und verrichtete alle Arbeit, während die jungen Frauen ihrer Söhne den Tag verschliefen, verträumten oder verplauderten.

„Was wollen Sie," sagte mit einer wegwerfenden Handbewegung die Frau mit dem gelblichen, rassigen Gesichte, „sie ist zu sonst nichts mehr nütze. Das geht uns allen später so."

Auf unsere Frage wurde uns auch gestattet, die Schlafstuben zu besichtigen. Es waren völlig kahle, fensterlose Räume, die Luft und Licht nur durch die auf den inneren Hof mündende Türe erhielten. Aber der Hausherr dokumentierte, daß er ein reicher Mann war, indem er sich eine große französische Bettstelle angeschafft hatte, während die Araber sonst meist auf dem mit Matten belegten Boden schlafen. Keine der Frauen hatte sich erhoben, um uns zu führen. Nur durch eine Kopfbewegung war uns angedeutet worden, wo die Zimmer lagen. Und als wir uns nun verabschiedeten, lächelte uns die Jüngere, Goldbraune, freundlich zu, die Alte tat, als ob sie uns nicht sähe, und die Frau mit dem bleichen, rassigen Gesicht hatte bereits wieder ihre unnahbare Miene aufgesetzt und sah ganz so aus, als ob sie bedauerte, überhaupt mit uns gesprochen zu haben.

Wir hatten Jussufs Geduld auf eine lange Probe gestellt, denn die Sonne stand bereits im Mittag, als wir durch die niedrige Tür wieder hinaus in die menschenleere Gasse schlüpften.

* * *

Einen herrlichen Blick über die ganze Oase, die aus sieben Dörfern zusammengesetzt ist und sich am westlichen Ufer des Oued Biskra entlang zieht, hat man von der höchsten Spitze des Minaretts. Es ist ein eigenartiges Bild, das immer wieder fesselt. Die flachdachigen Häuser, an sich so ärmlich und doch in mancher Beleuchtung aussehend, als seien sie aus Goldstaub erbaut, überschattet von den stolzen dunkelgrünen Kronen der Palmen, deren Rauschen in der weichen Brise bis hinauf zur Turmspitze dringt. Zwischen diesem Gold und Grün die kleinen Kuppeln der Marabuts so blendend weiß, als hätten sie alles Licht angesogen. Und hinter diesem Gold und Weiß und Grün, das eng zusammengeschoben ist, die weite, fahle, sonnendurchglühte Ebene der Sahara.

* * *

Manchmal nahmen wir den Weg aus Alt-Biskra zurück über den arabischen Friedhof und waren gelegentlich Zeuge, wie die Araber ihre Toten begraben. Auf einer Bahre, die von vier Männern auf der Schulter getragen wird, ruht der Verstorbene. Der Körper ist nur in Tücher eingehüllt, und durch die darüber geworfene leichte, buntfarbige Draperie zeichnen sich deutlich seine Formen ab. Verwandte und Freunde folgen der Bahre, die Männer laut betend, die Frauen schrille Jammerrufe ausstoßend. Mit dem Gesicht nach Mekka gewandt, betten sie den Toten in ein flaches Grab. Keine bezahlte Hand leistet dabei Dienste. Alles, was getan werden muß, wird von den Angehörigen besorgt. Keine feierlichen Reden werden gehalten. Ebenso wenig wie es

Gräber in der Wüste

feierliche Grabsteine gibt. Nur hier und dort läßt eine aus getrockneter Erde errichtete und mit Kalk geweißte Kuppel den Ruheplatz eines Marabuts erkennen. Alle anderen Gräber sind dem Boden gleich und verraten sich nur durch kleine, länglich runde, inschriftslose Steine, deren Zahl zugleich erklärt, ob Mann, Frau oder Kind darunter liegt. Weder Baum noch Strauch, noch die winzigste Blume ziert den Friedhof des Arabers. Völlig kahl und stimmungslos, selbst ohne die geringste Umfriedigung, liegt sein Totenacker.

* * *

So gewiß wie die Sonne an jedem Morgen mit gleicher Pracht erschien, so gewiß trafen wir auf unseren Wegen immer an derselben Stelle dieselben Bettler. Sie betrachteten uns bald als ihre Freunde und hätten es als Kränkung empfunden, wenn wir einmal achtlos an ihnen vorübergegangen wären. Da war unser „Methusalem", ein verhutzeltes Männchen, das wir nie anders als eifrig seinen Rosenkranz betend erblickten. Da war der ungewöhnlich große, schöngewachsene bronzefarbene Mann, dessen edelgeschnittene Züge mit den Blatternarben und den erloschenen Augen erschütternd wirkten. Da war der Choleriker mit dem verdrießlichen Gesicht, der stets Worte des Propheten vor sich hinmurmelte, dessen Stimme bei unserem Näherkommen immer lauter und energischer wurde und der die Gabe wie ein gutes Recht forderte und entgegennahm. Da war der Brotverkäufer, der von Tag zu Tag am Rande des Straßengrabens neben einem Häufchen kleiner, runder Honigbrote kauerte. Die Brote waren schwarz von Fliegen, und der von Tieren, Wagen und Menschen aufgewirbelte Chausseestaub lagerte sich darauf ab. Niemals bemerkte man einen Käufer bei ihm, und sein Vorrat schien am Abend immer noch derselbe zu sein wie am Morgen. Und doch blickte der Mann nie mißvergnügt und nie entmutigt. Stets hatte er ein freundliches Lächeln bereit. Und da war unser kleiner Negerjunge, so häßlich, wie die Natur nur in ihrem Zorn etwas erschaffen kann, aber mit einem Paar großer, treuer Hundeaugen. Und wie ein Hündchen wartete er vor dem Hotel und begleitete uns auf unseren Gängen, glücklich über jede Kleinigkeit, die ihm zufiel, und im siebenten Himmel, als sich eines Tages sein höchster Wunsch erfüllte und er der Besitzer gelber Babouchen*) wurde.

Es hätte uns etwas gefehlt, wenn wir einen von diesen schnell gewonnenen Freunden einmal nicht an seinem gewohnten Platz gefunden hätten. Sie gehörten mit zum Bilde.

* * *

Ebenso wie Alt-Biskra zeigt auch der Marktplatz in den Vormittagsstunden sein eigenartigstes und interessantestes Gesicht. Dort eine fast unnatürliche Ruhe wie an einem verwunschenen Ort, hier in völligem Gegensatze konzentriertes Leben, Farben und Bewegung.

Welch ein fesselndes Bild bietet dieser von Kolonnaden umschlossene Platz, besonders an den Tagen, an denen die Nomaden aus den Zibanbergen und dem Auresgebirge und die Karawanen aus dem Süden eintreffen! Was sieht man da für prächtige, charakteristische Köpfe unter den weißen, mit brauner Kamelhaarkordel umwundenen Turbanen!

Und alles ist auf diesem Markt zu haben: neben den für die Europäer nötigen Viktualien geduldige, ungeschlachte Dromedare. Kleine graue Eselchen mit furchtbar dünnen Beinchen und klugen, ergebenen Augen. Alte und neue Burnusse und bunte Stoffe und Schleier für die Gewänder der Frauen. Henna zum Färben der Haare und Nägel und die kleinen, runden Spiegelchen, die zur Toilette jedes eingeborenen weiblichen Wesens gehören. Babouchen, rot und gelb, aus weichem Gazellenleder, lebendige und tote Wüsteneidechsen. Fächer, aus Alfa geflochten und mit farbiger Wolle bestickt. Rosenkränze aus Dattelkernen, Schmucksachen aus Korallen und bunter Emaille und originell geformte silberne Armbänder, von denen die kokette Araberin nie genug besitzen kann.

---

*) Babouchen — weiche Schlappschuhe.

Schläfer am Wege

Da stehen aneinandergereiht Säcke, gefüllt mit Getreide, und Säcke mit harten getrockneten Datteln, die aussehen wie graue Kieselsteine und die eine beliebte Nahrung für Menschen und Tiere bilden. Und daneben liegen große, viereckige Blöcke aus festgepreßten, klebrigen Dattelfrüchten, auf denen ganze Fliegenschwärme sich gütlich tun.

In einer Ecke des Marktes wird geschlachtet, und über rotzüngelnder Glut dreht sich der Hammel am Spieß. Und wer die Mittel besitzt, der schlemmt und leistet sich ein Gericht Kuskus mit lecker duftendem Hammelbraten. Und wer sie nicht besitzt, der ersteht sich als Mahlzeit eine Handvoll Datteln oder eine Portion gerösteter Heuschrecken, von denen er alles verzehrt bis auf die schimmernden, feingeäderten Flügel. Diese Heuschrecken sollen im Geschmack den Krabben ähneln und nahrhafter sein als Fleisch. Ein Glück, daß sie den braunen Söhnen der Wüste besser schmecken, als sie uns bei einem Probeessen mundeten!

* * *

Die Araber mögen bei ihren Käufen und Verkäufen genau so feilschen und handeln wie die Europäer. Aber da hört man kein Schreien und Anpreisen der Waren, kein lautes Wortgefecht. Alles wird mit einer ruhigen Würde erledigt. Die Verkäufer sitzen regungslos mit untergeschlagenen Beinen auf ihren Matten am Boden. Die zahlreichen Besucher des Marktes wandeln dazwischen hindurch, hier betrachtend, dort eine Frage stellend. Sie kehren nicht das Wichtigtun des Einkaufens heraus, wie man es bei den Menschen auf unseren Märkten beobachten kann. Bei ihnen wirkt es mehr wie ein behagliches Flanieren, ein Zeitvertreib. Sie gehen alle wie Grandseigneurs. Oh, er ist ein wundervolles Feld für Studien jeder Art, dieser bunte, sonnenüberflutete Markt von Biskra!

* * *

Das war noch niemals vorgekommen, daß Jussuf zur verabredeten Zeit nicht zur Stelle war. Es mußte etwas ganz Ungewöhnliches sein, was ihn zurückhielt. Endlich kam er an, mit einem langen, sorgenvollen Gesicht. Und dies war der Grund seiner Verspätung: sein Bruder Ali, der als Nomade lebte und sein Zelt draußen in der Nähe von Hammam-es-Salahin aufgeschlagen hatte, besaß zwei Kamele. Oder vielmehr er hatte sie besessen. Denn da sich in der letzten Zeit keine Beschäftigung für die Tiere gefunden, hatte er sie einem Hirten übergeben, der sie mit etwa zwanzig anderen Kamelen von verschiedenen Besitzern auf die Weide trieb. Und nun waren am Tage zuvor plötzlich drei Männer aufgetaucht, die mit geübtem Blick die allerbesten Tiere auswählten und mit ihnen auf und davon jagten. Was sollte der arme Hirte machen? Jeder Ruf wäre in der menschenleeren Öde ungehört verhallt. Was bedeutete seine Kraft gegen die Übermacht von dreien? Während er ein Tier zurücktrieb, hatten die Diebe sich inzwischen schon wieder zwei andere genommen. So blieb ihm nichts übrig, als mit dem Rest seiner Herde heimzukehren und das Unglück zu berichten. Die Bestohlenen hielten Rat und versuchten die Nacht hindurch und im Laufe des ganzen Vormittags irgendeine Spur der Diebe zu entdecken. Völlig vergeblich. Nun hatte sich am Mittag ein Bechaâr*) gemeldet. Unter der Bedingung, daß sein Name nicht genannt wurde und man ihm eine bestimmte Summe Geldes aushändigte, wollte er sich verpflichten, die gestohlenen Tiere wieder zur Stelle zu schaffen. Aber woher sollten die armen Nomaden so viel Geld nehmen, wie er verlangte? In den abhanden gekommenen Tieren steckte ja doch ihr ganzes Vermögen. So war denn Ali in die Oase gewandert, um dem Bruder sein Leid zu klagen und ihn zur Hilfe zu veranlassen. Und Jussuf hatte sein möglichstes getan, um die nötige Summe aufzutreiben.

„Aber was gibt Ihnen Sicherheit dafür, daß der Mann wirklich die Tiere wieder zur Stelle schafft?" fragten wir.

„Oh, ein Bechaâr hält immer sein Wort!"

Und es stellte sich im Verlauf der weiteren Unterhaltung heraus, daß solche Geschäfte häufig gemacht werden. Der

---

*) Bechaâr — Bote mit guten Nachrichten.

Im Jardin Landon (Biskra)

Bechaâr ist in manchen Fällen selbst der Dieb, zum mindesten ist er Helfershelfer oder Hehler. Das weiß man und weiß daher auch bestimmt, daß er imstande ist, sein Versprechen zu halten.

    Keiner denkt daran, gerichtliche Hilfe bei solchen Vorkommnissen hinzuzuziehen, wie man überhaupt jede Berührung mit dem Gericht so viel wie möglich vermeidet. Man tröstet sich mit dem Gedanken, über kurz oder lang in irgendeiner Weise Rache nehmen zu können.

    Es war nur allzu begreiflich, daß dieses Ereignis den Sinn unseres guten Jussufs vollauf beschäftigte. Bürdete es ihm doch zu seinen schon vorhandenen Sorgen wieder neue auf. So verzichteten wir für den Rest des Tages auf seine Dienste und benutzten die Nachmittagsstunden dazu, den längst geplanten Besuch im Jardin Landon auszuführen. Sehr viel hatten wir schon von diesem Wunder in der Wüste gehört, das der Laune eines französischen Grafen seine Entstehung verdankt. Und es rechtfertigt ohne Frage seinen Ruf, es ist ein wahrhaftiges Eden.

    Mit wundervollem Verständnis ist der mehrere Hektar große Garten angelegt: alles Schöne, was tropische Vegetation an edlen Palmen und Sträuchern hervorbringt, ist hier vertreten und vereinigt sich in scheinbar wilder und doch gezähmter Üppigkeit. Kein welkes Blatt bedeckt die wohlgepflegten schattigen Wege oder die grünen, sonnenbeglänzten Rasenflächen. Lautlosen Schrittes und mit einer Würde, als täten sie Dienst in einem Heiligtum, verrichten schwarzgebrannte Männer die Arbeit in diesem Garten. Mitten in der grünen Wildnis stehen einzelne kleine Gebäude, von denen das eine ein Rauchzimmer, das andere einen Salon und ein anderes die Küche enthält. Und an den blendend weißen Wänden dieser zierlichen maurischen Bauten ranken sich in üppiger Fülle zartduftende Kletterrosen und die wundervollen purpurfarbenen Blüten der Bougainvillia empor. Die Seguia murmelt ihre leise Sprache. Große Vögel rascheln im dichten Gebüsch. Hin und wieder dringt ein verwehter Ton aus dem nicht allzu weit entfernt liegenden

Negerdorf herüber. Ein traumhafter Friede liegt über diesem Garten.

Und doch zog es mich nicht wieder dahin. Denn obwohl das Schild mit den ominösen Worten „il est défendu" nirgendwo zu sehen war, empfand ich doch den Zwang, der dem Besucher dieses Ortes unwillkürlich aufgelegt wird. Nein, bin ich schon den Fesseln des Alltags entronnen, so gebt mir in Biskra die große weite Wüste, die dem Menschen nach allen Richtungen so frei und offen steht wie den Winden des Himmels.

* * *

Und hätte Biskra nichts als seine Sonnenuntergänge, es wäre des Besuches wert. Nie und nirgends sah ich das Tagesgestirn in solcher Schönheit Abschied nehmen wie in dieser Oase am Eingange zur Sahara. Langsam versinkt der rotglühende Ball hinter den scharfen Zacken des Zibangebirges. Der ganze westliche Himmel entzündet sich und gleicht einem wogenden Feuermeer. Anscheinend dicht darunter auf den Hängen des Zibans entwickelt sich eine wundervolle Symphonie in Braun. Die harten Furchen schimmern weich wie Falten eines samtenen Gewandes. Die hohen Dünen gen Oumach hin gleichen einem seidenen Teppich aus Fraise und Gold gewebt. Im Osten nehmen die Berge allmählich ganz unwahrscheinliche Töne an. Blaßrosa und tief erikafarben leuchten die einen. Ein anderer hat sich in zartgelbe Schleier gehüllt, auf denen bläulichgraue Schatten ruhen, und wieder ein anderer liegt da wie ein ungeheurer Amethyst. Dazwischen erhebt sich in mattem Rubinrot, duftig, als leuchte er von innen heraus, der Ahmar-Khaddou.*)

Der Himmel prangt in einem Farbengemisch so fein, so delikat, wie man sich's nie erdenken könnte, und ein Abglanz davon schwebt in der Luft und senkt sich, alles verklärend, auf die armselige, demütig sich breitende Erde. Die weißgrauen Kieselsteine des sonst so tristen Flußbettes gleißen

---

*) Der Berg mit den roten Wangen.

Brotverkäufer in Biskra

wie flüssiges Silber, und die hohen Lehmufer scheinen sich in mattes Gold verwandelt zu haben. Alles glüht und glänzt und leuchtet.

Etwa eine halbe Stunde dauert dieses grandiose Schauspiel, dieses berauschende Farbenbacchanal. Dann verlöschen langsam die Gluten. Die letzten Strahlen ruhen auf der weißen Kuppel des berühmten Marabuts Sidi-Zerzour, der sich mitten im ausgetrockneten Bett des Oued Biskra erhebt. Die Berge stehen wieder entzaubert, die Oasen liegen wie schwarze traurige Inseln im fahlen Sandmeer.

Die Terrassen beleben sich inzwischen mit vermummten Frauengestalten. Die ganze Luft ist mit Tierstimmen erfüllt. In den dichten Kronen der Palmen und der Pfefferbäume lärmen die Spatzen, die heimkehrenden Ziegen meckern, die Hammel blöken, die abgetriebenen Eselchen schreien zum Erbarmen, und aus den großen Karawansereien dringt das unartikulierte, jammervolle Stöhnen der Kamele.

Rasch sinkt die Dunkelheit herab, und allmählich tritt Ruhe ein. Aber einige Stunden später, wenn der europäische Teil der Oase schon im Schlafe liegt, beginnt allabendlich ein neues Leben in dem Araberviertel.

Hinter dem Marktplatz ziehen sich ein paar kerzengerade enge Gassen hin. „Heilige Straßen" werden sie genannt. Ein kleines Häuschen lehnt sich dort an das andere, jedes mit einem winzigen durchbrochenen Balkon geschmückt. Und bewohnt sind diese Häuschen von den Ouled Naïls, den Freudenspenderinnen. Während des Tages sind diese Straßen leer und schweigsam, aber sowie die Nacht herabgesunken ist, erwachen sie. Jeder der winzigen Balkone wird nun mit bunten Teppichen behangen und mit einer kleinen Laterne beleuchtet. Und auf der Schwelle jedes Hauses sitzt eine Ouled Naïl. Über weißen Unterkleidern trägt sie die bunte seidene Gandura, mit schwerem Gürtel gehalten. Das tiefschwarze Haar ist durch Wolle verstärkt und zu handbreiten Zöpfen geflochten, die in einer wunderlichen Frisur das stark geschminkte Gesicht umrahmen. Auf Stirn und Wangen sind mit dunkelblauer Farbe kleine Blümchen und

Kreuzchen gemalt, wodurch die gelbliche Blässe oder das matte Braun der Haut noch mehr hervorgehoben wird. Auf dem Kopfe sitzt die kleine charakteristische Krone aus Straußenfedern, von der lange, weiße, mit Gold oder Silber bestickte Schleier herabwallen. Schwere silberne Spangen umschließen Arm- und Fußgelenke. Ketten aus großen goldenen Geldstücken schmücken das Haupt, den Hals und die Brust. Es sind alles Geschenke, die sie empfangen, und sie bilden den Stolz einer jeden Ouled Naïl.

Direkt hinter der Schwelle führt eine schmale, steile Stiege in das obere Stockwerk hinauf. Auf der höchsten Stufe steht ein brennender Wachsstock.

In dem diskreten Halbdunkel der Straße leuchten die mattfarbenen Gesichter, die dunkeln, schwarzumränderten Augen und das viele blanke Gold des Schmuckes doppelt phantastisch.

Die Mädchen mit den ruhigen, stolzen, manchmal sphinxartigen, manchmal nur naiv sinnlichen Gesichtern rauchen Zigaretten und unterhalten sich mit ihren Nachbarinnen. Manchmal springt eine von ihnen auf, und an den Eingang zum Erdgeschoß gelehnt, dessen Türe geöffnet ist, so daß man den mit Matten bedeckten und mit einer Kerze erleuchteten Raum überblicken kann, singt sie ein Liebeslied. Wild und leidenschaftlich klingt es in unverfälschten, ungebändigten Naturlauten.

In den schmalen Gassen, in der mit Moschusgeruch erfüllten Atmosphäre drängt und schiebt sich die Menge. Feurige, schmachtende, werbende Blicke umschmeicheln die eigenartigen Gestalten auf den niedrigen Türschwellen. Wie Bienengesumm liegt's in der Luft von all den gedämpften Stimmen. Zwischen den Arabern in weißen und bunten Burnussen wandeln mit verwunderten und neugierigen Augen die Fremden.

Ein Teil der Menge verliert sich in den zahlreich vorhandenen Cafés. Es sind kleine, niedrige Räume. Dicht gedrängt sitzen die Araber auf dem mattenbelegten Boden. Für die Fremden ist meist eine primitive Bank aufgestellt.

Die heilige Straße in Biskra

Auf einer rohgezimmerten Estrade hocken die Musikanten. Querpfeife, Flöte, Schalmei und Tamtam vereinigen sich, und zu einer wilden bizarren Musik tanzt eine Ouled Naïl. Langsam, zögernd beginnt sie. Die Füße regen sich kaum von der Stelle. Die Hände, über das Haupt erhoben, spielen kokett mit einem winzigen bunten Taschentuch. Aber mit dem Tempo der Musik bewegen sich die Hüften, Brust und Leib erschauern, hüpfen, daß die schweren Schmucksachen klirren, um mitten in der höchsten Ekstase plötzlich innezuhalten und beim schrillen Auffahren der Musik, unter charakteristischen Schreien, dasselbe leidenschaftliche, sinnenerregende Spiel von neuem zu beginnen und in wildem Taumel zu beenden.

Weltentrückt sitzen die Araber. Ihre Blicke hängen wie gebannt an dem Körper der Tänzerin, die ihnen das fesselnde Liebesspiel vorgaukelt, und sie opfern ihr freudig den letzten Sous, wenn sie nachher mit dem Holzteller in der Hand ihren Lohn einsammelt.

Es gibt berühmte Schönheiten unter den Ouled Naïls. Und wenn eine von ihnen sich bewegen läßt, in einem Café zu tanzen, so geht das wie ein Lauffeuer durch das arabische Quartier, und der Raum vermag die Menge der Schaulustigen nicht zu fassen. Geschenke, Liebe und Verehrung fallen diesen heißblütigen Kindern der Wüste in den Schoß. Denn in diesem Lande klebt kein Makel an ihrem Beruf. Es ist ein dem großen Allah wohlgefälliger Dienst, in den sie sich stellen. Und haben sie in diesem Dienste Reichtum genug gesammelt, so kehren sie zurück in ihre heimatliche Oase, verheiraten sich und werden gute Frauen und Mütter, die ihren Töchtern später dieselben Wege weisen, die sie einst gegangen sind.*)

Ist es nicht eine Ouled Naïl, die die Sinne bezaubert, so ist es ein Schwerttänzer, der mit seinen waghalsigen, unglaublich gewandten Kunststücken die Herzen erbeben

---

*) Die schönsten und begehrtesten Ouled Naïls stammen aus dem Süden, aus den Oasen zwischen Bou-Saada und Laghouat.

läßt, oder ein mit Schellen, Lumpen und Fellen behängter Neger von wahrhaft grotesker Häßlickkeit sorgt für Erheiterung. Jedes Kupferstück, das ihm sein Singen und seine Bocksprünge einbringen, verschwindet in seinem großen Mund. Alle Zuschauer haben wohl schon ihren Obolus entrichtet. Nur ein Fremder ist noch übrig, der mit verdrossenem Gesicht um sich blickt und nicht daran denkt, sein Scherflein beizusteuern. Mit einem Satze steht das groteske Ungetüm hart vor ihm, hüpft wie ein Besessener auf und ab, bearbeitet die Trommel, die ihm vor dem Leibe hängt, zum Zerplatzen, und schreit ihm zwischen jedem Trommelwirbel sonderbar klingende Worte ins Gesicht. Immer verdrossener blickt der Fremde. Immer wilder hüpft und trommelt der schwarze Spuk. Die Worte prasseln wie Steine nieder.

Alles fängt nun an, sich über den Vorgang zu amüsieren. Die Araber vergraben das Kinn halb im Burnus, um das Lachen zu verbergen. Jussuf erklärt uns, daß es lauter Schimpfnamen seien, mit denen der groteske Wilde den Fremden belegt.

Endlich greift dieser in die Tasche und wirft seinem Peiniger ein Kupferstück vor die Füße. Grinsend rafft dieser es auf, und mit dem dankbaren Zurufe: „Warum hast du denn das nicht gleich getan, du dummer Esel!" springt er davon.

Stolz erhobenen Hauptes, als wollte er sagen: Nun, dich habe ich mal für dein Geld ordentlich arbeiten lassen, verließ der vielfach Titulierte das Café, ahnungslos, wieviel er zur Belustigung des Publikums beigetragen, ahnungslos, um wieviel Nasenlängen die schwarze Rasse diesmal gesiegt hatte.

* * *

Können die Nerven noch stärkere Kost vertragen, so lockt in dem Erdgeschoß eines halbverfallenen Hauses ein tanzender Derwisch. Nie und nimmer würde man an diesem Menschen, wo immer es auch sei, achtlos vorübergehen. Von ungewöhnlicher Größe, tief bronzefarben, ausgemergelt,

Ouled Naïls

daß nicht ein Lot Fleisch mehr an seinem ganzen Körper zu finden ist. Und auf diesem Körper ein Kopf mit langen, wirren Haaren, vorstehenden Backenknochen und tiefliegenden, unheimlich fanatisch blickenden Augen. Wie ein Häufchen Unglück kauert er in einer Ecke. Nur die Augen leben und stechen, als ob sie töten könnten.

Die Musik beginnt. Pfeife und Tamtam. Langsam. Immer denselben Ton, denselben Rhythmus. Nun erhebt sich der Bronzefarbene. In der Mitte des engen Raumes, immer auf demselben Flecke stehend, beginnt er seine verwirrenden Verrenkungen. Es scheint eine Ewigkeit, seit er begonnen hat.

Ein alter Mann mit einem bösen Gesicht wirft in ein Reisigfeuer, das er auf dem Boden entzündet, eine Handvoll Räucherwaren. Im Nu füllt sich der fensterlose, dichtverschlossene Raum mit atembeklemmenden Dämpfen. In die rasch entstandene Glut schiebt er lange dicke Eisennadeln. Und als diese glühend geworden sind, hält der Derwisch in seinem Tanze inne, faßt nach den Nadeln und führt sie sich durch die Backen, durch die Zunge, durch den Hals.

Wie wahnsinnig gellt jetzt die Pfeife, hämmert das Tamtam. Große Schweißperlen stehen auf den Gesichtern der Musikanten. Wahnsinn leuchtet aus den Augen des Tanzenden. Nun reißt er die Nadeln heraus, und in rasenden Drehungen über dem von neuem entfachten hellodernden Reisigfeuer bricht er völlig erschöpft zusammen. Der alte Mann mit dem bösen Gesicht wirft einen zerlumpten Burnus über ihn. Es ist, als ob er etwas Totes bedeckte.

* * *

Ganz abseits von dem arabischen Viertel, zwischen der großen staubigen Straße, die nach Tugurt führt, und dem breiten ausgetrockneten Bette des Oued Biskra liegt das Negerdorf. Wie riesige Bienenkörbe sehen seine primitiven, aus Lehm errichteten Hütten aus, deren Bewohner aus allen Rassen des Sudans zusammengemischt sind. Unsauber und übelduftend sind die schmalen Gäßchen. Fette, dicklippige Negerinnen hocken unter den Hauseingängen, und unzählige schwarze und schwarzbraune Kinder, deren ganze Bekleidung meist nur aus silbernen Spangen besteht, erfüllen die Luft mit lautem Geschrei. Es zieht einen nicht dorthin zu behaglichem genußvollem Schlendern, wie in die verwunschenen stillen Straßen von Alt-Biskra.

Auch das Negerdorf feiert seine Feste. Aber nicht allabendlich wie das Araberviertel. Hier tritt die Freude am Festefeiern sporadisch auf. Nach einer ganzen Reihe stiller Nächte bricht plötzlich der Taumel los.

In bequemen Stühlen auf der Terrasse unseres Hotels ausgestreckt, genossen wir den Zauber einer unvergleichlich schönen südlichen Nacht. Aus dem Araberviertel wehte hin und wieder das abgerissene Schluchzen einer Schalmei, ein verlorener Flötenton, ein aufreizender Tamtamschlag herüber und zauberte das ganze sinnestrunkene Bild vor Augen, das sich mit jedem einbrechenden Abend dort von neuem entwickelt.

Drüben im Negerdorf aber, das sonst so ruhig und verschlafen gelegen, erscholl lauter Trommelschlag. Mit kurzen Unterbrechungen seit Stunden derselbe Takt. Nervenaufreizend. Und wir wurden begierig, zu sehen, woran diese dunkle Rasse sich ergötzte.

Im Hotel fand sich noch ein Führer. Es war gegen Mitternacht, als wir nach dem Dorf hinüberwanderten, wo uns das phantastischste Schauspiel erwartete.

Auf einem kleinen freien Platze, vom fahlen weißen Mondlicht überflutet, bildete eine Anzahl schwarzer Kerle mit fratzenhaften Gesichtern einen Kreis. Und in diesem Kreise tanzten zwei Männer. Sie machten affenartige Sprünge, klatschten die Hände über dem Kopf zusammen, hockten plötzlich nieder, sprangen auf, stampften den Boden mit den nackten Füßen und drehten sich in schräger Haltung wie ein Kreisel um ihre eigene Achse.

Immer wieder dieselbe Reihenfolge der Bewegungen. Der Trommler stand hart neben ihnen und folgte ihnen wie

Alt-Biskra aus der Vogelschau

ein Teil ihrer selbst, jeden Fußbreit, den sie vor- oder rückwärts machten. Von allen dreien rann der Schweiß in Strömen.

Die Männer im Kreise standen mit tierisch glänzenden Augen, und manchmal sprang einer von ihnen aus dem Zirkel, um mit ein paar koboldartigen Sätzen seiner Freude Luft zu machen.

Im Schatten, an den Hütten entlang, kauerte eine Anzahl Frauen, die keinen Blick von der Gruppe verwandten. Sowie die Trommelwirbel etwas gedämpfter, die Bewegungen der Tänzer etwas schlaffer wurden, klatschten sie in die Hände, daß die silbernen Spangen klirrten, und ließen kurze schrille Rufe ertönen. Und wie elektrisiert hämmerte der Trommler wieder drauflos, hüpften und drehten sich von neuem die Tänzer. Sie waren wie trunken und irre von ihrem barbarischen Tun. Die niedergedämmte Wildheit ihrer ganzen Rasse schien sich in ihnen austoben zu wollen.

Erst wenn der letzte der Tänzer entkräftet zu Boden sinkt, nimmt der schwarze wilde Spuk ein Ende, ist das Fest der Neger vorüber.

* * *

Es hat sinnverwirrende, sinnenaufreizende Nächte, dieses Biskra! Nächte, in denen Liebe und Lust, Haß und Leidenschaft die Luft zu füllen scheinen. Nächte, die nichts von tiefer, weicher, völliger Ruhe wissen. Da stöhnt und jubelt und klagt die Musik. Da gellt von allen Häusern in der Runde das spitzige, giftige Bellen der Wachhunde, denen wie ein Echo ihre Brüder draußen aus den Zelten der Nomaden antworten. Da krähen schon von Mitternacht an die Hähne, und aus den Karawansereien dringt das unartikulierte Stöhnen der Kamele.

Und über diesem ruhelosen, fieberischen Leben wölbt sich ein Himmel von solch tiefer, durchsichtiger Bläue, flimmern die Sterne in solch ungewöhnlichem Glanze und schwebt in Vollmondnächten Luna in einer solchen Fülle silbrigen

Lichtes, daß man in Versuchung kommt, zu glauben, auch dort oben herrschten etwas fieberische Zustände.

Endlich im Morgengrauen, wenn schon im Osten das Tagesgestirn sein Kommen verkündet, tritt Ruhe ein. Unter den ersten goldenen Sonnenstrahlen verflüchtigen sich die heißen unruhvollen Träume, die erste frische Morgenbrise schlägt sieghaft Bresche in die schwüle irritierende Atmosphäre einer solch duftgeschwängerten südlichen Frühlingsnacht.

* * *

„Das größte Glück der Erde
Liegt auf dem Rücken der Pferde,"

sagt ein altes arabisches Sprichwort. Wieviel Wahres daran ist, kam uns zuerst auf unseren Ritten in Biskra und später in noch erhöhtem Maße auf der Reise durch die Wüste zum Bewußtsein.

An den meisten Vormittagen warteten die kleinen arabischen Hengste mit den rassigen Köpfen vor der Türe des Hotels auf uns. Gar nicht schön und elegant waren sie anzusehen nach unseren Begriffen, denn nie wird eine pflegende Hand an sie gelegt. Aber klug sind sie, flink und gelenk wie Katzen und gierig nach Bewegung.

Und so lernten wir im Sattel die Umgebung von Biskra und die verschiedensten Oasen kennen. Sowohl die näher gelegenen, die gleich einem grünen Muster auf vergilbtem Teppich wirken, wie die weiter entfernten, die sich wie dunkle Striche zwischen den blauen Himmel und die gelbe Wüste schieben.

Da lag nach Osten, drüben an der linken Flußseite, das reizende kleine Lallia, da war Filiach, das malerische Nest, noch weiter hinaus das wohlhabendere Chetma, ohne jede europäische Note, und noch tiefer in der Wüste gelegen das hochinteressante Sidi Okba mit seiner als Wallfahrtsort berühmten Moschee, der ältesten in ganz Algier. Im Westen, hinter den sanftgewellten Dünen, das verträumte Ain-Oumach,

Chetma

wo wir durch unser Kommen, wie fast überall in den engen Gassen der Oasen, friedliche Schläfer in ihrer Ruhe störten.

Häufig führte uns unser Weg hinaus nach dem schon in der Römerzeit bekannten und berühmten Hammam-es-Salahin. An abgeflachten Hügeln ging es entlang, auf deren Höhen die grotesken Konturen weidender Kamele sich scharf gegen den Horizont abzeichneten. An kristallklaren Seen vorüber, die von zart rosa gefiederten Flamingos belebt waren, bis wir die „Fontäne der Heiligen" erreichten, deren schwefelhaltiges Wasser alle Krankheiten vertreiben soll.

Wie ein weißes Geheimnis liegt das Haus, in dem die Quelle gefaßt ist, in der schattenlosen Einöde zu Füßen des wild zerfurchten Zibangebirges.

Auf einem Ritt nach Hammam-es-Salahin merkten wir auch einmal, was für Folgen es haben kann, „vom rechten Wege" abzuweichen. Die Straße dahin ist hart, uneben, voller Geröll. Zur Linken aber lockte, wie ein sammetweicher Teppich, ein ausgedehntes saftiggrünes Feld. Die Verführung war zu groß, und so schlugen wir unseres guten Jussufs Ermahnung, die Wegrichtung innezuhalten, in den Wind, und im flotten Galopp ging es auf das schöne Gefilde zu. Aber aus dem anfangs weichen Boden wurde bald ein sumpfiger Morast, und bis an den Leib sanken die erschrockenen Tiere darin ein. Es blieb nichts anderes übrig, als daß Pferd und Reiter sich trennten und jeder zusah, wie er sich mit eigener Kraft wieder herausschaffte.

Das war ein Anblick für Götter! Alle von oben bis unten mit klebrigem gelbem Schlamm beschmiert. Die Pferde sahen uns ganz vorwurfsvoll an, und selbst der kleine, freche „Negro" vergaß das Schlagen und Beißen und stand wie „bedabbert" da.

Der Heimritt an diesem Tage war ein bedeutend größeres Vergnügen für die anderen, die uns sahen, als für uns selbst.

Köstlich war es auch, die allzeit lustigen Pferde auf dem Hippodrom zu tummeln, das sich zu Füßen eines ernst dreinblickenden Wachtturmes hinter den blühenden und duftenden Büschen von Beni Mora ausdehnt.

Das Allerschönste aber waren die Ritte ohne Ziel, hinaus in die ungemessene Weite. Welch ein Hochgenuß lag darin, welch ein wundervolles Gefühl der Freiheit, des Losgelöstseins!

Und es war, als ob die Tiere dasselbe empfanden. Unruhigen Schrittes gingen sie, blähten die Nüstern, streckten die Hälse, als ob die Ferne sie anzöge. Ein Zungenschlag, und sie sausten dahin wie die Windsbraut, kaum den Boden mit den Hufen berührend, flogen, bis ihnen fast der Atem verging. Immer weiter, weiter! Dem Punkte zu, wo Erde und Horizont sich einen. Es kostete stets einen energischen Entschluß, umzukehren und den Rückweg anzutreten.

Aber schließlich, was hinderte uns denn daran, eine größere, längere Tour in die Wüste zu unternehmen? Eine Tour, auf der es vorwärts, immer wieder vorwärts ging! Ein verführerischer Gedanke, der allmählich festere Gestalt gewann. Und eines schönen Tages war es eine beschlossene Sache: wir würden eine Reise in die Wüste machen.

Eine freudige Erregung hatte sich unser aller bemächtigt. Jussuf war glücklich! Selbst der Gedanke an die Trennung von seiner jungen, schönen Frau konnte seine Freude nicht trüben. Denn er liebte die Wüste fast noch mehr als das Weib.

Und nun fingen die Beratungen an. Was gab es da alles zu bedenken und zu erwägen! Eine lange Liste wurde aufgesetzt, von den Zelten und deren Einrichtung angefangen bis zu den letzten Küchenutensilien, die man unbedingt zu benötigen glaubte. Diese Liste wurde Jussuf ausgehändigt, der hoch und heilig versprach, alles aufs beste zu besorgen.

Während der nächsten Tage sahen wir nicht viel von ihm. Er war immer beschäftigt, immer unterwegs. Er war eine begehrte Persönlichkeit geworden. Überall hatte sich unsere Absicht herumgesprochen, und Jussuf wurde nicht müde, Freund und Fremden Red' und Antwort darüber zu stehen.

Inzwischen widmeten wir uns den Einkäufen, die das Küchendepartement betrafen. Mit kolossalem, durch keine Sachkenntnis getrübtem Eifer suchten wir alle die schönen

Straße in Sidi Okba

Dinge aus, die uns unterwegs vor Hunger und Durst schützen sollten. Im Geiste sahen wir schon die leckeren Gerichte, die Salem, der bereits engagierte Koch, herstellen würde.

Wir hatten unseren Teil Arbeit erledigt. Nun wollten wir auch das Ergebnis von Jussufs Bemühungen sehen. Aber da war noch nichts zu sehen! Nur mit dem Versprechen konnte er aufwarten, daß am Tage der Abreise alles bereit sein würde. Dies anzunehmen lag zwar gar kein Grund vor, aber er glaubte ohne Zweifel, Allah würde schon alles in Ordnung bringen.

Da wir diesen Glauben nun keineswegs teilten, machten wir uns mit ihm zusammen an die Arbeit, und den vereinten Anstrengungen gelang es schließlich, alles Nötige herbeizuschaffen.

Draußen in Beni Mora hatte Jussuf ein provisorisches Lager aufgeschlagen, und am Vorabend des Tages, an dem die Reise beginnen sollte, führte er uns stolz und frohen Gemütes hinaus, damit wir alles besichtigen konnten. Es war ein kunterbuntes Bild mit den verschiedenen Zelten, all den Körben, Kisten und Säcken, zwischen denen Menschen und Tiere herumwimmelten.

Am folgenden Morgen sahen wir von der Terrasse unseres Hotels herab unsere Karawane auf der Straße nach Tugurt vorüberziehen. Voran Jussuf, hoch auf einem Esel thronend, als Führer und Manager; neben ihm seine beiden Brüder Ali und Muhamed, „beritten" wie er, mit stolzen Gesichtern, denn sie durften richtige Flinten auf dem Rücken tragen. Dann Salem, der Koch, der seinen schmächtigen Körper in einen abscheulichen europäischen Anzug gesteckt hatte, gegen den der weiße Turban über seinem kleinen gutmütigen Gesicht lebhaft zu protestieren schien. Der schwarze Ahmed, der die Dienerdienste übernommen hatte und außerdem fünfzehn Kabylen, die neben derselben Zahl schwerbeladener Esel herliefen. Ein ziemlicher Train war es geworden, viel größer, als wir ihn für unsere Gesellschaft, die nur aus drei Damen und zwei Herren bestand, vorausgesehen hatten.

Im Laufe des Nachmittags traten wir zu Pferde die Reise an. Sie sollte zuerst 210 Kilometer südlich nach Tugurt, von da aus 90 Kilometer östlich nach El-Oued, und von El-Oued wieder zurück nach Biskra führen, eine Strecke von 202 Kilometern.

Voll froher Erwartung, in gehobener Stimmung machten wir uns auf den Weg. Die Richtung war nicht zu verfehlen. Denn auch nachdem man die verträumten Dörfer von Alt-Biskra hinter sich hat, ist noch eine leidlich gute Straße vorhanden. Ein Haufen schreiender Kinder gab uns ein Stück weit das Geleite. Dann begegneten wir noch dem schönen Neffen des Bachagha, dem verwöhnten Don Juan, der in einem hypermodernen hochrädrigen Dogcart eine seiner zahlreichen europäischen Verehrerinnen spazieren fuhr. Nach dem lag alles, was an Zivilisation und an Alltagsleben erinnerte, hinter uns. Und vor uns die ungeheure, rätselhafte, in ihrer starren Nacktheit großartige Wüste.

In wenigen Stunden hatten wir die Karawane eingeholt. Nicht weit von dem Ufer des Oued Djedi hatte Jussuf eine Stelle als Lagerplatz gewählt. Im Halbkreis standen die Schlafzelte und das Speisezelt, den anderen Halbkreis schlossen die Tiere ab. In der Mitte des so gebildeten Rondells lagen Säcke, Fässer und Kisten aufgestapelt.

Etwas abseits war das Küchenzelt errichtet, und Salem hockte schon darin und schmorchelte etwas für den Abend zurecht. Alles sah äußerst friedlich und behaglich aus. Aber helles Mitleid erfaßte uns, als wir bemerkten, wie man die armen Maulesel festgemacht hatte. Zwei Pflöcke waren in den Boden getrieben. Von einem Pflock zum anderen eine Kette angebracht. An dieser Kette in knappen, genau abgemessenen Entfernungen befanden sich Ringe, und um jedes Vorderbein der armen Lastträger schloß sich solch ein Ring. Hart aneinandergedrängt standen sie mit ergeben gesenkten Köpfen. Weder vor noch rückwärts, weder nach rechts noch nach links konnten sie sich bewegen.

Jussuf suchte uns zu beschwichtigen: „Die Tiere kennen das gar nicht anders, das wird immer so gemacht. Wie

Aufbruch

sollte man sie sonst vor dem Weglaufen und nachts vor den Dieben schützen?"

Als wir sahen, daß die Pferde in der gleichen Weise behandelt werden sollten, nur statt mit Ketten mit Stricken geknebelt, opponierten wir energisch. Was auch geschah, aber das durfte nicht sein! Ja, aber was sollte geschehen, da doch nur vier Pflöcke mitgebracht waren? Auf irgendeine Weise wurde Rat geschafft, und wenigstens zwei der Pferde wurden gesondert festgemacht. Die anderen drei mußten sich der hergebrachten, uns so roh erscheinenden Gewohnheit fügen.

Vom Eindecken der Pferde wollten die Araber ebenfalls nichts wissen. Auch das waren die Tiere nicht gewöhnt, wurde uns versichert. Wir setzten aber unseren Willen durch und bestimmten, daß einige der zahlreichen Teppiche, die für die Zelte mitgebracht waren, während der Nacht als Decken für sie benutzt wurden.

Die Sonne ging unter in all ihrem berauschenden Farbenpomp und überflutete die öde sandige Ebene von Saada, auf der wir rasteten, mit einem goldigroten Schimmer. Drüben in weiter Ferne lag Biskra mit seinem Palmenwald bereits in grauem Schatten, und nur die blendendweißen Kuppeln des Kasinos leuchteten noch daraus hervor.

Rasch fiel die Nacht und verwischte alle Umrisse. Man hatte das Gefühl, als ob man in der Dunkelheit versänke. Dann stieg in wundervollem Glanze der Mond empor. In seinem blauweißen Lichte warfen Zelte und Tiere und Menschen auffallend kurze, tiefschwarze Schatten. In dem Wasser des Oued Djedi, das zwischen den steilen, gewundenen und zerfetzten Uferwänden fast unbeweglich stand, spiegelte sich der funkelnde Sternenhimmel.

Tamtamschläge und eigenartiger Gesang, Hochzeitslieder, kamen von irgendwoher aus einem einsam gelegenen Nomadenzelt. Dann verstummten auch diese Laute. Und nur das Heulen eines Schakals durchschnitt hin und wieder die ungewohnte feierliche Stille.

Erst in später Stunde konnten wir uns entschließen, unsere

Zelte aufzusuchen. Bald danach schreckte uns lautes Getöse aus dem Schlafe. Aufgeregt liefen die Leute umher. Jussuf fluchte. Es stellte sich heraus, daß eines der allein placierten Pferde — ob von Sehnsucht nach den anderen getrieben, ob aus Bosheit — mitsamt dem Pflock, an den es angebunden war, einen Besuch bei seinen Kameraden gemacht hatte. Jedenfalls hatten diese die Störung unliebenswürdig aufgefaßt, und es war zu einem heftigen Kampfe gekommen. Nur mit Mühe trennte man die Wüteriche. Mit dumpfen Schlägen wurde nun der Holzkeil tiefer und fester in den Boden getrieben und der Unheilstifter wieder daran befestigt.

Aber noch waren die Abenteuer dieser Nacht nicht zu Ende. Der übermütige Grauschimmel, dem wir in freundlicher Fürsorge ebenfalls einen Privatplatz angewiesen hatten, nagte vor Langeweile den Strick durch, der ihn fesselte. Und während Ali auf seinem Wachtgange ihm wieder einmal den Rücken kehrte, machte er sich auf und davon. Das kühle Wasser des Oued Djedi, in dem er am Abend ein so erfrischendes Bad genommen, hatte es ihm angetan. Und dort war es, wo man ihn faßte und wieder zu seiner Pflicht zurückbrachte.

In der Frühe stellte es sich außerdem heraus, daß unsere guten Pferdchen die wärmenden Teppiche als Futter betrachtet und zum Teil aufgefressen hatten.

In Anbetracht dieser verschiedenen nächtlichen Ereignisse mußten wir wohl oder übel zugeben, daß unsere Methode, arabische Hengste zu behandeln, am Ende doch nicht die richtige war, und Jussuf hatte die Genugtuung, nun nach seiner eigenen, altgewohnten Weise schalten zu können.

Der Aufbruch am nächsten Morgen ging nicht so zeitig und nicht so rasch vonstatten, als wir wünschten und beabsichtigten. Die Maschine funktionierte noch nicht so richtig. Unserem guten Jussuf fehlte es gewiß nicht am allerbesten Willen. Aber es mangelte bei ihm, wie wir sehr bald merkten, an der nötigen Erfahrung und an dem noch nötigeren Dispositionstalent. Wohl hatte er die Reise nach Tugurt schon verschiedene Male gemacht. Einmal auf

Maultieren mit einem jungen Franzosen. Aber sie führten gar keine Zelte und nur sehr wenig Proviant mit, übernachteten in den Bordjs und nahmen daselbst auch ihre Mahlzeiten ein. Also eine Reise auf die einfachste und primitivste Art. Das andere Mal hatte er zwei Amerikanerinnen geführt, und er erzählte gern und oft von dieser Tour, auf der ihm eine der Damen so viel Sorgen verursacht hatte. Es stellte sich nämlich eine Art Seekrankheit bei ihr ein, und während sie über die Dünen ritten, verschlimmerte sich ihr Befinden dermaßen, daß sie sich die Augen verbinden mußte, um die Reise zu Ende führen zu können. Da konnte sich Jussuf wohl gut in der Krankenpflege üben, aber da sie nur drei Tiere mithatten, die sie selbst ritten, und nach seiner Erzählung fast ausschließlich von Tee und Biskuits lebten, war wiederum nicht viel Gelegenheit gewesen, noch andere Erfahrungen zu sammeln. Diese fehlenden Erfahrungen konnte er sich nun ohne Frage auf unserer Tour aneignen. Das Betrübliche dabei war nur, daß wir sozusagen säten, ohne ernten zu können, oder im allerbesten Falle waren es doch nur unreife Früchte, die für uns abfielen.

Doch das sollte uns die Freude nicht stören. Wir waren Willens, alles, was auch kam und wie es kam, mit in den Kauf zu nehmen.

So feuerten wir hier ein wenig an, gaben dort einen Rat und warteten es im übrigen ruhig ab, bis alles marschbereit war.

Es war ein anstrengendes Stück, das wir nun zu machen hatten. Der Weg war in Wirklichkeit gar kein Weg mehr. Fußtief versanken die Tiere in dem losen, staubfeinen Sand.

Im Frühling, wenn nach der Schneeschmelze die gewaltigen Wassermengen von den Gebirgen herunterstürzen, dann füllt sich nicht allein das Bett des Oued Djedi, sondern die ganze Ebene von Saada steht unter Wasser. Und wenn der durstige Boden all das Naß getrunken, dann entwickelt sich für eine kurze Spanne Zeit eine üppige Vegetation, die köstliches Weideland für die Herden der Nomaden bedeutet. Aber jetzt sah man nichts als grau bestaubte niedrige Büsche und tiefe, von wilden Wassern gerissene Furchen. Die Pferde konnte man auf diesem Gelände nur vorsichtig traben lassen, wollte man ihre Kraft nicht frühzeitig verbrauchen. Und die armen beladenen Maultiere kamen nur langsam und mühevoll Schritt für Schritt vorwärts.

An ziemlich seichter Stelle überquerten wir den Oued Djedi und erreichten in der Mittagsstunde Bordj Saada. Diese Bordjs, die gewöhnlich befestigt sind und die man an den Karawanenstraßen in ziemlich regelmäßiger Entfernung antrifft, könnte man eher mit dem Namen Karawansereien belegen. Sie bestehen meist aus drei bis vier niedrigen Gebäuden, die im großen Viereck von einer Mauer umschlossen sind. An der Mauer entlang ziehen sich gedeckte Schuppen. Immer ist ein Brunnen vorhanden, die größte Notwendigkeit und Wohltat in diesem sonnendurchglühten, wasserarmen Lande. Und stets ist in einem der Gebäude ein Raum bereit, in dem man übernachten kann. Dieser Raum ist allerdings völlig kahl, nicht einmal eine Matte zum Schlafen ist vorhanden, und er hat außer der Türe meist gar keine Öffnung oder höchstens nur eine schmale Schießscharte, um Luft und Licht einzulassen.

Jeder Wüstenreisende, ob Eingeborener oder Fremdling, ob armer Nomade oder reicher Herdenbesitzer, ist in diesem Hause ein gleich willkommener Gast. Alle haben hier dieselben Rechte. Alle genießen denselben Schutz.

Eine jede Bordj hat einen von der Regierung angestellten Wächter, der die Einkehrenden begrüßt und überall nach dem Rechten sieht.

Für das Obdach ist keine bestimmte Taxe vorgesehen. Es ist in das Belieben eines jeden gestellt, ob er etwas dafür zahlen oder wieviel er geben will.

Gelüstet es den Reisenden nach einer Mahlzeit, so ist der Hauswart gegen Erlegung einiger Sous immer bereit, sein Kuskusgericht mit ihm zu teilen. Irgend etwas anderes Eßbares ist dagegen selten oder nie zu haben.

Als wir in Bordj Saada einritten, lag der große Hof völlig verödet. Aber noch ehe wir aus dem Sattel waren, kam aus

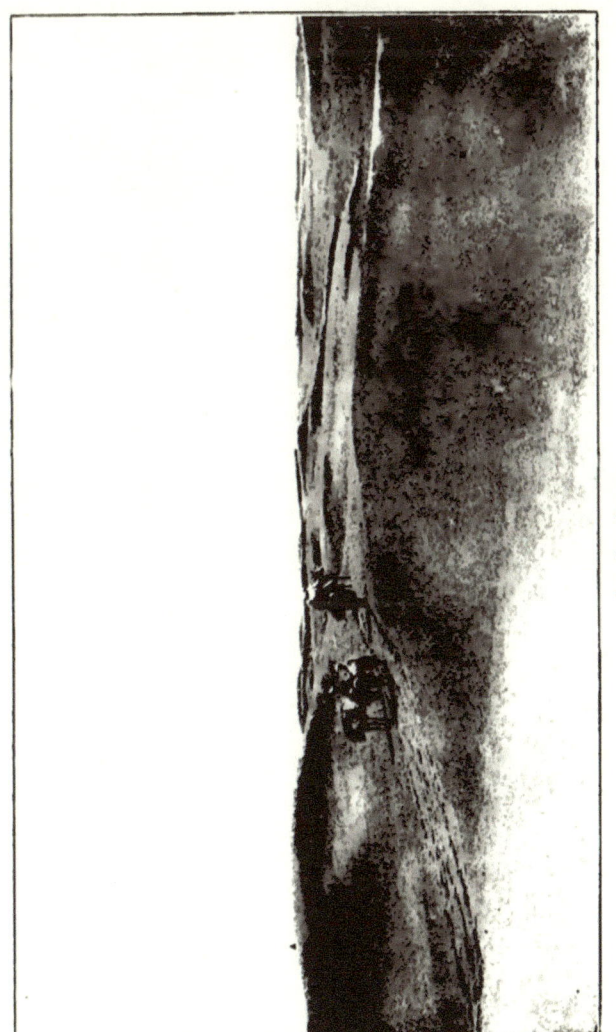
Im Sandmeer

einem Zelt in einer Ecke ein riesenhafter Neger, der Wächter, herbei und stellte uns seine Dienste zur Verfügung. Vorläufig hatten wir aber keine weiteren Wünsche, als die Tiere in den Schuppen untergebracht zu sehen und uns selbst draußen vor dem Hause im Schatten der hohen Mauern zu lagern, bis der Rest der Karawane eingetroffen und unser luftiges Speisezelt errichtet war.

Nach dem Abkochen gaben sich Menschen und Tiere in der sengenden Mittagsglut einem beschaulichen Nichtstun hin. Nur einem aus unserer kleinen Reisegesellschaft ließ die Lust zum Jagen keine Ruhe. Unter Führung des riesenhaften Bordjwächters machte er sich davon, und der dumpfe Widerhall der abgegebenen Schüsse verriet bald darauf, daß er in voller Tätigkeit war. Auf dem Rückwege glitt der schwarze Christophorus, der den Nimrod auf seinem Rücken über den Oued Djedi trug, in der Mitte des Flusses aus, und beide nahmen zu unserem großen Ergötzen ein unfreiwilliges Bad. Aber weder sie noch die erlegte Jagdbeute nahmen dabei irgendwelchen Schaden, und die zierlichen Wachteln und eine Art weißgefiederter Vögel, die uns allen fremd war, bildeten eine unvorhergesehene schmackhafte Zugabe für unseren nächsten Mittagstisch.

Einige Stunden später, als die Sonnenstrahlen etwas von ihrer Glut verloren hatten, machten wir uns auf den Weiterweg. Das Vorwärtskommen bot nun nicht mehr solche Schwierigkeiten, da es über harten, wenn auch ziemlich steinigen Boden ging. So weit das Auge reichte, war die Ebene mit niedrigen verstaubten Grasbüscheln bedeckt. Kleine, zierliche Vögelchen hausten da in Menge. Ihr feines, melancholisches Gezirp verwehte in der großen Weite. Auch Trappen stiegen hin und wieder auf und bildeten reizvolle Silhouetten im kristallklaren Äther.

Die Rast- und Übernachtspunkte waren stets in der Nähe einer Bordj oder einer Quelle festgesetzt, da nirgends sonst ein Tropfen Wasser zu erhalten ist. An diesem Abend sollte es Hassi Djefair sein, wo wir unser Lager aufschlagen wollten.

Immer wieder von neuem überrascht es, wie plötzlich in der Wüste die Nacht hereinbricht. Kaum eine halbe Stunde nach Sonnenuntergang liegt tiefe, schwarze Finsternis über die Erde gebreitet. So kam es, daß wir in der Dunkelheit den Brunnen nicht finden konnten und fürchteten, ihn völlig verpaßt zu haben. Für uns Menschen war ja gesorgt, denn wir führten zu Trinkzwecken Mineralwasser und zum Kochen zwei Fässer gutes Batnawasser mit uns. Auch die Leute hatten für sich eine wohlgefüllte Guerba aus Biskra mitgebracht. Aber die armen durstigen Tiere! Was sollte aus ihnen werden?

Als der Mond hochstieg, zeigte es sich, daß Jussufs Spürsinn ihn doch richtig geführt hatte. In nicht allzu weiter Ferne von dem Fleck, wo wir uns niedergelassen hatten, lag der Brunnen. Und Pferde und Maulesel kamen nun doch zu ihrem wohlverdienten Labetrunk.

Kein Lied, kein Tamtamschlag erklang in dieser Nacht. Kein Schakal ließ sich hören. Nur das tiefe Schnaufen und das gleichmäßige Kauen der Tiere verriet die Gegenwart von etwas Lebendigem. Über der ganzen Natur lag eine tödliche Ruhe, ein herzbeklemmendes Schweigen.

Und kalt, schneidend kalt sind diese Nächte in der Wüste! In wollene Decken gehüllt, bis an die Nasenspitze verpackt in unseren Feldbettstellen unter den Zelten, fanden wir die Temperatur gerade noch erträglich. Wenn man dagegen die Araber und Kabylen sah! Unter freiem Himmel, auf dem nackten Boden lagen sie, den Kopf gegen einen Sack oder einen Sattel gelehnt, mit nichts weiter angetan als dem Burnus über der Gandura. Dabei schliefen sie einen Götterschlaf und wußten nichts von Schnupfen oder Rheuma. Der reine Neid konnte einen beim Anblick solcher kräftigen, widerstandsfähigen Konstitutionen erfassen.

Von Hassi Djefair nach Bordj Chegga war es keine große Entfernung. In einer frischen Morgenbrise gingen unsere Pferde tüchtig ins Zeug, und in kurzer Zeit hatten wir die Wüstenherberge erreicht. Mitten in sumpfigem Moorland, dessen weißbekrusteter Boden unter jedem Schritte federt,

Arabischer Brunnen

liegt Chegga, das außer der Bordj noch aus etwa einem halben Dutzend kleiner, ärmlicher Lehmhütten besteht.

Die Karawane, die nur im Schritt vorwärtskommen konnte, war weit hinter uns zurückgeblieben.

So benutzten wir die Zeit des Wartens, um den Pferden in den kühlen Verschlägen der Bordj wieder eine Weile Rast zu gönnen, und wir suchten uns ein Plätzchen im Garten unter den schattigen Palmen aus. Während wir noch warteten, traf die Diligènce ein, die zweimal in der Woche den Weg von Biskra nach Tugurt macht, um die Post und Passagiere zu befördern. Sie wird jedoch von Arabern nur selten und von Fremden fast nie benutzt, denn es ist nahezu ein Ding der Unmöglichkeit, tagelang in diesem primitiven Gefährt auszuhalten, das bald im Sande halb versinkt, bald in tiefen Furchen, nach rechts oder links übergeneigt, stecken bleibt, im übrigen aber, von vier kräftigen Pferden gezogen, über Stock und Stein dahinrattert und den Insassen den Kopf wirr und die Glieder mürbe macht. An diesem Tage brachte sie zu unserer großen Überraschung zwei Europäer, eine Dame und einen Herrn, Franzosen, wie es sich herausstellte.

Während des Pferdewechsels nahmen sie, im Garten auf dem Boden gelagert, neugierig überwacht von einer Anzahl Beduinenkinder, das frugale Mahl ein, das sie sich mitgebracht hatten.

Wie uns diese beiden um unsere Reiseart beneideten! Sie hatten nicht im entferntesten geahnt, welcher Tortur sie sich aussetzten, als sie sich dieser Wüstenequipage übergaben. Kaum ein Viertel des Weges hatten sie hinter sich und fühlten sich schon so zerschlagen und gerädert, daß es ihnen fast eine Unmöglichkeit dünkte, noch den weiten Rest in derselben Weise zurücklegen zu können.

Aber der Kutscher knallte mit der Peitsche, zum Zeichen, daß alles zur Abfahrt bereit sei, und ergeben stiegen sie wieder ein in das kleine Gefängnis, das jede Poesie, jede Möglichkeit eines Genusses zunichte machte.

Schon nach wenigen Minuten war der Wagen entschwunden. Er hatte sich mit dem Boden verschmolzen, die unendliche Weite hatte ihn aufgesogen.

Ein unartikuliertes Schreien, wild und schmerzvoll zugleich, riß uns aus unserer Beobachtung. Der Richtung folgend, erblickten wir eine Szene, die es wert gewesen wäre, von einem Künstler festgehalten zu werden.

Zwei der Pferde, mit denen das Temperament wieder einmal durchgegangen war, hatten sich freigemacht und maßen nun auf dem weiten, leeren Hofe der Bordj ihre Kräfte aneinander. Hoch auf den Hinterbeinen aufgerichtet standen sie, mit fliegenden Mähnen, blitzenden Augen, Schaum vor dem Maule, eines in den Hals des anderen verbissen. Laut stöhnend vor Schmerz und Wut.

Fast bedauerte man, das Bild stören zu müssen, in dem sich ungebändigte Kraft und Wildheit so prachtvoll verkörperten.

Nachdem die beiden vor Aufregung bebenden Tiere auseinandergebracht waren, besahen wir uns die Bescherung. Die Stirnbänder waren zerrissen, die Zügel hingen in Fetzen herab. Als Ali und Muhamed mit der Karawane eintrafen, mußten sie den Schaden, so gut es in der Eile ging, mit Stricken reparieren.

Bis nach Chegga hatte uns zur Linken in duftiger Ferne die scharf konturierte Kette des Atlasgebirges begleitet. Nun ließen wir auch dieses hinter uns. Und nur der weite Horizont begrenzte von jetzt ab den Blick.

Unsagbar eintönig wirkte die Strecke, die wir an diesem Tage durchmaßen. Ein wellenförmiges Gelände. Kein Baum, kein Strauch, der die Linie unterbricht. Der Boden so hart und steinig, daß nicht einmal das bescheidene Wüstengras genügend Nahrung findet und die verkümmerten Sternblümchen, die hin und wieder auftauchen, wie verzweifelt aus ihren hellen Augen schauen.

Am Horizont erscheint ein langer dunkler Streifen, der sich in einzelne schwarze Punkte auflöst. Es ist eine Kamelherde, die wir bald überholen. Ein Tier schreitet hinter dem anderen. Lautlos, langsam, gewichtig. Keines wendet den Kopf. Aber mit ihren großen dunklen, vielsagenden Augen betrachten sie uns aufmerksam von der Seite. Erschrocken

Nomadenleben

und hilfesuchend eilen die grotesken, unerfahrenen Jungen in die Nähe der Mütter. Ein bissig aussehender Köter rast hin und her, als ob er seine Schutzbefohlenen zählte. Lautlosen und langsamen Schrittes, wie seine Tiere, folgt rosenkranzbetend der magere, sonngebräunte Nomade.

Alles wird in dieser tödlichen Einöde zum Ereignis, prägt sich dem Bewußtsein in ungewöhnlicher Schärfe ein.

Just als die Sonne sich zum Abschiednehmen rüstete und den unfruchtbaren Boden wieder mit all ihren märchenhaften Farben tränkte, tauchte die kleine Bordj Stil vor uns auf. Nicht weit davon lagerte unsere Karawane. Sie war längst vor uns eingetroffen, da sie an diesem Tage nur kurze Mittagsrast gehalten und ihren Marsch gleich danach fortgesetzt hatte. Die Zelte standen bereits, die Maulesel steckten mit den Nasen schon tief im Futter, Salem hockte wie ein Gnom zwischen allerhand geöffneten Büchsen in seinem Küchenzelt, und im Kreise um das Feuer geschart, über dem der Kuskustopf brodelte, saßen mit ernsten Gesichtern die Kabylen. Schweigend, mit einer Art Andacht, warteten sie auf den Augenblick, wo der Inhalt des Topfes in die große, flache hölzerne Schüssel geschüttet wurde, aus der sie gemeinsam aßen. Einige waren in der Zivilisation schon so weit gekommen, daß sie einen Löffel benutzten, andere gebrauchten statt dessen das ihnen von der Natur gegebene Instrument, ihre fünf Finger. Jeder fischt sich ein Stück Fleisch heraus, das er vor sich auf den Boden legt und von dem er ab und zu einen Bissen abreißt. Die Schüssel wird so leer gegessen, daß man es nicht für nötig hält, sie noch auszuwaschen. Wer einen Löffel besitzt, verbirgt ihn in seiner Gandura. Es ist wohl kaum möglich, die Lebensgewohnheiten noch mehr zu vereinfachen. Aber der Reichste der Welt kann nach dem köstlichsten Mahle nicht befriedigter sein als diese Berberenkel nach ihrem Kuskusgericht, wenn das Stück Hammelfleisch darin nur reichlich bemessen war.

Spät am Abend bekamen wir zu unserer großen Überraschung noch Nachbarn. Eine Nomadenfamilie stellte ihr niedriges Zelt hart neben den unseren auf. Es lag ein großer

Reiz für uns darin, diese Wandervögel der Wüste so dicht bei uns zu haben, aus solch unmittelbarer Nähe beobachten zu können, wie jeder seine Arbeit verrichtete, fast ohne ein Wort zu verlieren, wie der Mann drinnen im Zelt der Sitte gemäß allein sein Essen verzehrte, während die Frau mit den beiden Kindern draußen darauf wartete, den Rest zu erhalten, den er ihnen übrigließ.

Jussuf aber blickte auf die enge Nachbarschaft mit etwas scheelen Blicken. Aus einem tiefgewurzelten Mißtrauen heraus ordnete er an, daß die Wache während dieser Nacht verdoppelt werden sollte.

In der Frühe fanden wir die Stelle neben uns leer. Ohne eine Spur zu hinterlassen, wie die Vögel in den Lüften, waren unsere nächtlichen Anwohner verschwunden.

Bald nach dem Aufbruch an diesem Morgen erreichten wir Kef-el-Dohr, einen Hügelrücken, der, von Osten nach Westen laufend, den Weg nach dem Süden zu sperren schien. Auf der Höhe angelangt, standen wir wie gebannt, stumm vor Erstaunen und Verwunderung: Zu unseren Füßen weitete sich ein herrlicher See; auf den hochgehenden Wellen glitten große Dampfschiffe dahin, zahlreiche Segelboote kreuzten, kleine Fahrzeuge bahnten sich dazwischen ihren Weg. Hohe, schlanke Pappeln säumten das Ufer, und wunderschöne Villen ruhten halbversteckt unter mächtigen Palmen, deren Kronen sich im Winde wiegten. Ein feiner silbriggrauer Dunst lag über dem entzückenden Landschaftsbilde.

Wir setzten unsere Pferde in Trab, um das Wasser, dessen Wellenschlag man zu vernehmen glaubte, zu erreichen. Aber mit jedem Schritte, den wir näherkamen, veränderte sich das Bild, ward unklarer, verblaßte, bis schließlich nichts mehr übrigblieb als eine große, glänzende Fläche — der Schott*) Merouan. Über seinem mit Salzkristallen bedeckten Boden hatte die Sonne diese köstliche Fata Morgana hervorgezaubert.

Eine neue, fremdartige Szenerie fesselte nun das Auge.

---

*) Schott — Sumpf.

Zur Linken der unübersehbare Schott mit seinen phantastischen Luftspiegelungen, zur Rechten ein weites, völlig ebenes Land, das streckenweise im nordischen Winterkleide zu liegen schien. Die hohen Palmen, die niedrigen Büsche, die dürftigen Gräser, alles sah aus, als wäre es mit Rauhreif bezogen. Und weiter gen Süden tauchten als dunkle Zeichnung auf lichtem Grund die zahlreichen Oasen des Oued Rir auf.

Dumpf und hohl klangen die Hufschläge der Pferde und das Trappeln der Maultiere auf der Straße, die sich längere Zeit an diesem blendenden Sumpfgebiet entlang windet, das etwa zwanzig Meter unter dem Meeresspiegel liegt.

In der Mittagsstunde erreichten wir Ourir, eine große Plantage im Besitze der Société du Sud-Algérien. Man bemerkte sofort: hier herrschte ein anderer Geist, zielbewußter, exakter als der des wenig tatkräftigen Arabers.

Auf einer breiten, vorzüglich gehaltenen Straße gelangten wir zur Bordj, deren einer Flügel für den französischen Verwalter der Oase und dessen Familie als Wohnung eingerichtet ist. Durch die überaus liebenswürdige Gastfreundschaft dieser Menschen knüpfen sich für uns an Ourir die angenehmsten Erinnerungen. Der dringlichen Aufforderung, als Mittagsgäste zu bleiben, wichen wir allerdings aus, ebenso der Einladung, uns an kühler Limonade zu laben, denn wir waren davor gewarnt, das als schlecht und gefährlich bekannte Wasser dieser Gegend in irgendeiner Form zu genießen. Aber mit Dank begrüßten wir die Gaben, mit denen die Hausfrau unseren Tisch bereicherte: frisches Gemüse, zarten Salat, rosige Radieschen und köstliches Obst.

An einer schattigen Stelle in der alten, parkartigen Oase hatte Salem unser Mahl gerichtet, und nachdem wir uns gestärkt und etwas geruht hatten, besichtigten wir unter Führung des Ehepaares verschiedene interessante Dinge in dem Bereich, der ihre Welt bedeutete. Wir machten einen Gang in die große, neue Plantage, die sich im Norden der Bordj ausdehnt, und wir wanderten durch das Dorf der Arbeiter, die sich fast ausschließlich aus Negern rekrutieren. Niedrige Lehmhütten, die die Gesellschaft errichten ließ, bilden ihr

Heim. Außen, neben jedem Türeingang, liegen auf einem erhöhten Erdhaufen ein paar Steine. Das ist Herd und Küche zugleich. Nackte Kinder und schwarze, kraushaarige Frauen belebten die schattenlose Dorfgasse. Wir standen staunend vor dem gewaltigen artesischen Brunnen, der aus dem unterirdischen Flusse, dem Oued Rir, die riesigen Wassermengen heraufschafft, die für das Gedeihen der Oase unerläßlich sind; wir sahen den Arbeitern zu, die, hoch oben in den Gipfeln hockend, die Befruchtung der Palmen vornahmen, denn dieses Amt wird nicht dem Zufall überlassen, sondern man bestimmt selbst, welche Art von Früchten der Baum tragen soll.

Die Blüte der männlichen Palme, die in einer schwertförmigen Hülse steckt und der weiblichen Blüte sehr ähnlich sieht, wird geschnitten, sobald der Blütenstaub reif ist, und der feine Puder aus den weißen, faserigen Staubbeuteln wird auf die weibliche Blüte geschüttet. Der Blütenzweig einer männlichen Palme genügt, um eine große Anzahl weiblicher Blüten zu befruchten. Die nicht gebrauchten Blüten werden auf den Märkten verhandelt oder, sorgfältig in Tücher verpackt, bis zur nächsten Befruchtungszeit aufgehoben, die hauptsächlich in die Monate Februar und März fällt. Man kerbt die Palmen und köpft die Bäume, die keine Früchte mehr tragen, und aus dem ausfließenden Safte wird der Palmenwein hergestellt. Ein süßes und erfrischendes Getränk, solange es nicht in Gärung übergegangen ist. Nachher säuerlich und alkoholhaltig genug, um sich einen richtigen Kater damit holen zu können.

Bei einem Glase Lagmi*) verabschiedeten wir uns von unseren liebenswürdigen Wirten, voll Dank für all die Freundlichkeiten, die sie uns Fremden erwiesen, und voller Bewunderung für die tapfere Art, wie sie ihr einsames Leben lebten auf diesem kleinen grünen Eiland in der unendlichen Weite der Sahara.

Wie rasch die Zeit verstrichen war! Es ging bereits auf

---

*) Lagmi — Name für Palmenwein.

Wüstenwanderer

Fünf, als wir wieder zu Pferde stiegen. Nun hieß es tüchtig zureiten, um die dreißig Kilometer zurückzulegen, die uns noch von Sidi Khelil trennten, wo die wieder vorausmarschierte Karawane das Nachtlager richten sollte. Auch Jussuf und Salem waren längst auf dem Wege und nur Muhamed als unser Begleiter zurückgeblieben. In schlankem Trab und fliegendem Galopp ging es dahin, und als wir Mraier erreichten — eine fruchtbare Oase, die 80 000 Palmbäume aufweist und zugleich der einzige Ort ist, der zwischen Biskra und Tugurt Unterkunft in einem kleinen französischen Gasthaus bietet —, konnten wir konstatieren, daß wir etwas von der verlorenen Zeit bereits eingeholt hatten. Nur einen kurzen Aufenthalt gönnten wir uns, gerade so lange, um die durstigen Tiere zu tränken, ohne ihnen überhaupt erst das Gebiß abzunehmen, und dann ging es weiter. Bald im grundlosen Sand, bald auf hartem, kalkartigem Boden, über eintönige, kahlrasierte Flächen und unregelmäßige Hügellinien. Immer vorwärts, vorwärts, so rasch als möglich! Denn die Sonne kleidete Himmel und Erde bereits in ihre prächtigsten Farben, und wir wußten, was das bedeutete.

Doch wo lag Sidi Khelil?

Selbst Muhameds scharfe Augen konnten nirgendwo am Horizont den dunklen Punkt erspähen, der dem geübten Blick die Oase verrät.

Kaum war der letzte lichte Farbenton am Himmel verschwunden, als sich auch schon die Dunkelheit herabsenkte, so dick und schwer, daß man glaubte, sie mit den Händen greifen zu können. Ein Weg war nicht mehr zu erkennen. Wir konnten uns nur im Schritt weiterbewegen und mußten uns völlig auf unsere Tiere verlassen. Hin und wieder stieß Muhamed einen seiner charakteristischen, durchdringenden Schreie aus. Aber kein Echo kam.

Unsere Hoffnung, die Karawane noch zu treffen, schwand immer mehr, und wir überlegten die beiden Möglichkeiten, die uns blieben: entweder unter freiem Himmel zu übernachten und bei Tagesanbruch den Weg weiter zu verfolgen oder zu rasten, bis der Mond aufgegangen war, und dann die

Suche fortzusetzen. Eingedenk unserer leichten Reitkostüme, die nur für die Hitze des Tages, aber nicht für die scharfe Kälte der Nacht berechnet waren, hatte die erste Idee wenig Verlockendes. Aber die zweite, ja, das ginge schon eher.

Muhamed wollte jedoch von alledem nichts wissen. Mit Schlagen und Schimpfen trieb er sein müdes Maultier an, um weiter zu suchen. Und diesmal mit Erfolg. Als wir, der Richtung seiner Stimme folgend, auf dem etwas ansteigenden Gelände noch eine Strecke vorwärtsgekommen waren, sahen wir in der Entfernung einen winzigen Lichtschimmer wie ein einsames Irrlicht blinkern. „Das kann nur das Feuer unserer Karawane sein," behauptete Muhamed, und er hatte recht.

Die Gewißheit, nun doch noch ans Ziel zu kommen, feuerte uns wieder an. Und man merkte es auch an den Pferden, daß sie die Nähe der Krippe ahnten.

An diesem Tage hatten wir, seit Antritt unserer Wüstenreise, die längste Strecke zurückgelegt, nahezu 60 Kilometer. Menschen und Tiere waren ziemlich erschöpft. Eine Stunde nach unserem Eintreffen waren die Lichter bereits gelöscht, das Feuer ausgebrannt, und tiefe Ruhe herrschte im ganzen Lager.

* * *

Nichts Erfrischenderes, Belebenderes kenne ich als einen Morgen in der Wüste. Da gibt es nichts von grauer, trister Stimmung! Was bei uns zu Lande die Ausnahme, ist dort die Regel. Hoch und weit, in fleckenloser, strahlender Bläue dehnt sich der Himmel. Nicht die leiseste Dunstwolke trübt die Atmosphäre.

Wundervoll durchsichtige lichtgrüne Töne im Osten künden die Nähe des Tagesgestirns. Zu dem Grün gesellt sich bald ein zartes Gelb, das sich in tiefes, sattes Orange verwandelt, und auf diesem festlich leuchtenden Plan erscheint mit unfehlbarer Pünktlichkeit Frau Sonne. Sie, die Herrscherin in diesem Lande, dem sie in unbarmherziger Liebkosung das Mark aus den Adern saugt und dessen

Temacine

mageren, unfruchtbaren Körper sie dann, wie zum Ersatz, in duftige Gewänder von magisch zarten Farben kleidet.

Stets setzt mit Sonnenaufgang eine leichte Brise ein, und in der köstlich reinen Luft liegt ein undefinierbarer Duft, der die gesamten Lebensgeister wachruft. Alle Müdigkeit ist wie weggeblasen, und man fühlt sich, als ob man allen Strapazen der Welt gewachsen sei.

* * *

Dem Wüstenstrich zwischen Ourir und Temacine gibt der unterirdische Fluß, der Oued Rir, das Gepräge. Seinen unsichtbaren Lauf bezeichnen zahlreiche Oasen, die sich besonders auf der Strecke, die wir nun durchmaßen, oft in wenig Kilometer Entfernung folgen.

Zu den alten Anpflanzungen der Araber haben sich im Lauf der letzten Jahrzehnte eine ganze Anzahl von Franzosen angelegter Plantagen gesellt. Welch großen Aufschwung in der Palmenkultur deren rationelle Art von Bewirtschaftung hervorgerufen, dürften einige Zahlen bezeichnen: Im Jahre 1856 war das Tal des Oued Rir von etwa 7000 Menschen bevölkert. Heute zählt man über 15 000 Einwohner. Die Zahl der Palmenbäume hat sich von 360 000 auf 650 000 erhöht, und während zu jener Zeit die gesamten Brunnen ungefähr 52 000 Liter Wasser in der Minute lieferten, werden jetzt im selben winzigen Zeitraum 310 000 Liter zutage befördert. Der Araber, der dem Rumi*) im Innersten seines Herzens nicht sehr freundlich gesinnt ist, kann nicht anders als zugeben, daß die Hilfe des Fremden sein ödes Land verbessert und ihm zu seinem Vorteil verholfen hat.

Nur selten führt die Straße durch eine der Oasen. Die meisten liegen rechts und links abseits vom Wege, eingeschlossen von hohem Mauergürtel, und wirken wie verzauberte Orte, in denen Friede und Vergessen wohnt.

Als wir wieder einmal unseren Pferden die Zügel ließen und in herrlichem Galopp dahinflogen — diesen Genuß

---

*) Rumi — Römer. So nennt der Araber alle Fremden.

gönnten wir uns und ihnen etwa einmal in der Stunde —, tauchte unerwartet ein Hindernis vor uns auf: ein kleiner, mit zwei Maultieren bespannter Leiterwagen, der mit einer Anzahl Kinder befrachtet war. Daneben marschierte ein Araber, und die Nachhut bildeten drei weibliche Wesen, die mit nachlässiger Grazie ihre Lumpen im Sande nachschleiften.

Unser plötzliches Näherkommen zerstörte im Nu das friedliche Idyll, und auch unser rasches Anhalten konnte nichts mehr nützen. Erschreckt und völlig kopflos geworden, rasten die Tiere mit dem Gefährt davon. Der Mann lief, was er konnte, um es einzuholen, die Kinder brüllten, die Frauen stießen laute Angstrufe aus und rangen voller Entsetzen die Hände. Ihre vollendete Haltung, ihre großen, edlen Gesten in diesem Augenblick beobachten zu können, bedeutete geradezu einen ästhetischen Genuß. Viele unserer besten Künstlerinnen brauchen Jahre des Studiums, um auch nur annähernd solchen Adel in Gang und Bewegung zu zeigen, wie er diesen braunen Töchtern der Wüste angeboren ist.

* * *

An diesem Tage fanden wir wieder ein köstliches Plätzchen für die Mittagspause. Im Schatten der jungen Palmenanlage, zu Füßen der Bordj ben Rezig, die auf einer hohen Düne lagert, wurde das Zelt errichtet. Dichtes Grün zu Häupten, üppiges Grün unter den Füßen, und das leise Murmeln der Seguia zur Seite! Nur wer über die weite, fruchtlose, sonnenverbrannte Ebene der Sahara gewandert ist, kann dies richtig genießen. Und nur wer kennen gelernt hat, was es heißt, mit jedem Tropfen Wasser rechnen zu müssen, weiß die Seguia völlig zu schätzen.

Sehr bald war uns klar geworden, daß wir unsere Anforderungen an Reinlichkeit während der Dauer dieser Reise bedeutend herabsetzen mußten. Ein Bad zu erhalten, war völlig ausgeschlossen. Das Wasser der Brunnen, die wir trafen, war so salzig, daß wir fürchteten, es würde uns die Haut gründlich verderben. Blieb also nur unser gutes

Zisterne in den Dünen

Batnawasser. Aber damit hieß es selbstverständlich haushalten, und Jussuf maß es uns nur tropfenweise zu. Mit diesen Punkten hatten wir uns bereits abgefunden. Da mußten wir die unangenehme Entdeckung machen, daß Teller und Küchengeschirr nicht mit heißem Wasser, sondern nur mit Sand gereinigt wurden. Jussuf, Salem, Ahmed, alle waren ganz erstaunt, als wir gegen diese Art von „Abwaschen" Einspruch erhoben. Für sie war es das Natürlichste der Welt. Die Frauen reiben ihre Kinder mit Sand ab, um sie zu säubern, der Nomade, der die Wüste durchwandert, nimmt die vor jedem Gebet vorgeschriebene Waschung mit Sand vor, man reinigt das Geschirr damit. Sie benützten das „Wasser der Wüste", wie der Sand der Sahara genannt wird. Was war daran auszusetzen?

An uns war die Reihe, uns den herrschenden Verhältnissen anzubequemen. Aber das ging nicht so leicht, trotz allem guten Willen. Und bei der ersten Gelegenheit, hier zu Füßen der Bordj ben Rezig, am Ufer der langsam gleitenden Seguia, feierte unser mühsam unterdrückter europäischer Reinlichkeitssinn ein großes Fest: da wurde gewaschen, geputzt und gescheuert, bis alles vor Sauberkeit strahlte. Befriedigt betrachteten wir unser Werk. Aber Jussuf und Salem und Ahmed, unsere Helfer bei dieser Arbeit, setzten philosophische Gesichter auf, als ob sie sagen wollten: „Wozu all diese Mühe? Morgen ist doch schon wieder alles so wie es vorher gewesen!"

Und wenn man es recht bedenkt, gar so unrecht hätten sie eigentlich nicht gehabt.

* * *

An diesem Nachmittag hielten wir uns mit der Karawane. Das Ziel, das wir uns gesteckt hatten, war kein allzu entferntes, und aller Berechnung nach mußten wir es so zeitig erreichen, daß es nichts weiter verschlug, auf die Aufstellung der Zelte warten zu müssen.

Es war zur Abwechslung auch ganz amüsant, mit dem Troß zu gehen, Menschen und Tiere zu beobachten.

Wie mühelos doch die Kabylen ihres anstrengenden Weges zogen! Von der ersten bis zur letzten Minute in demselben leichten, federnden Schritt. Eine ernste, schweigsame Rasse. Nur selten wechselten sie ein Wort miteinander.

Aber Muhamed, der ewig Lebhafte, der bis in die Fingerspitzen vor Übermut Strotzende, konnte solches Schweigen nicht lange ertragen. Er stimmte ein Lied an, das heißt er sang zwei Strophen, und der Chor erwiderte mit einem Refrain. Immer neue Verse improvisierte er, in denen meist die Schönheit eines Weibes gepriesen wurde. Und immer antwortete der Chor in derselben Weise.

Es ist ein eigenartiger, etwas näselnder Gesang, in seinem stoßweisen Rhythmus ganz verschieden von dem, was wir unter Melodie verstehen. Aber es liegt doch ein großer Reiz darin, nachdem das Ohr sich einmal damit befreundet hat.

Gab es endlich gar nichts mehr zu preisen, dann tummelte Muhamed seinen armen Maulesel, als ob er das rassigste Vollblutpferd zwischen den Schenkeln hätte.

Und nach diesem Intermezzo gab er wieder Hochzeitslieder zum besten, die gewöhnlich mit wilden Schreien und einem Lärm endigten, als ob Feuerwerkskörper losgelassen würden. Mit viel Temperament vereinigte sich bei ihm ein großes Geschick. Kein Wunder, daß bei allen Festlichkeiten Muhamed als der begehrteste Sänger und Spaßmacher galt.

Aber so unermüdlich er in der Ausführung all dieser Dinge war, ebenso unermüdlich ging er allem, was Arbeit hieß, aus dem Wege. Sollten nach der Ankunft die Pferde gestriegelt werden, was zu seinen Pflichten gehörte, so war er sicher nirgends zu finden. Als ob die Wüste ihn verschlungen hätte. Aber sobald ein anderer die Arbeit besorgt hatte, tauchte Muhamed wieder auf, lächelnd, ganz erstaunt, daß für ihn nichts mehr zu schaffen übriggeblieben.

Groß, schlank und biegsam gewachsen, mit einem regelmäßig geschnittenen, vornehmen Gesicht, dunklen, ausdrucksvollen Augen und einer feingeformten Adlernase, verkörperte er in vollkommenster Weise den schönen arabischen Männertyp; aber in seinem ganzen Wesen war er nichts anderes als ein liebenswürdiger, übermütiger Junge, der es in naivem Egoismus verstand, dem Leben stets die leichteste Seite abzugewinnen.

Jussuf liebte diesen jüngsten Bruder zärtlich und brachte es nicht fertig, ihm zu zürnen, selbst wenn dessen Streiche, wie es manchmal geschah, auf seine Kosten gingen. Nur einmal, ja, da hätte seine Geduld doch beinahe versagt. Und das war so gekommen: Ein Fremder, dem Jussuf als Führer diente, hatte sich ein Rennkamel gekauft. Er hatte es sich wunderschön gedacht, auf einem solchen Tier, das fast gar keine Ansprüche macht und mit großer Geschwindigkeit weite Strecken zurücklegt, Ausflüge in die Wüste zu unternehmen. Ob der Besitzer nun nicht die Fähigkeit hatte, dem Kamel seine Wünsche klarzumachen oder — ob diesem am Ende der Reiter nicht paßte und es nicht verstehen wollte? — auf alle Fälle gewann der „Rumi" keine Macht über das Tier. Sobald er auf dessen Rücken saß, fing es an zu laufen und lief und lief, ungeachtet jedes Einspruches, so lange, bis es von selbst nicht mehr mochte. Und so kamen sie meist viel, viel weiter, als es dem Reiter beliebte. Als dieser das Vergebliche seines Mühens einsah, packte ihn ein heftiger Zorn und der Wunsch, das eigensinnige Vieh so schnell als möglich los zu werden. So schenkte er es Jussuf.

Und Jussuf, der seines Führeramtes wegen nicht selbst abkommen konnte, delegierte Muhamed, das Kamel nach Tugurt zu bringen, wo sich ein Käufer dafür gemeldet hatte. Muhamed tat, wie ihm befohlen war. Schon nach kurzer Zeit kam die Nachricht, daß er das Tier für 600 Franken losgeschlagen habe. Nun wartete man natürlich mit Freude und Ungeduld auf die Rückkehr Muhameds, der das schöne Geld bringen sollte. Aber Wochen vergingen, und kein Muhamed kam. Und als er endlich eintraf, kam er zwar lachend und singend in Erinnerung an die herrliche Zeit, die er genossen hatte, aber — mit völlig leeren Taschen. Der

Verführungen in Tugurt waren es zu viele gewesen, und den schönen Augen der Ouled Naïls hatte Muhamed nichts abschlagen können. Und damals war es geschehen, daß Jussuf beinahe seine Geduld verloren hätte.

* * *

Unter den blendenden Strahlen der Wüstensonne verliert das Auge fast völlig die Fähigkeit, Entfernungen richtig zu bemessen. Häuser, Zelte, Tiere und Gegenstände, denen das grelle Licht die Farbe benimmt und sie dem Erdboden gleichsehend macht, lassen sich erst in allernächster Nähe erkennen. Und die Oasen wiederum, die man nur eine kurze Strecke entfernt glaubt, scheinen sich immer weiter zurückzuziehen.

Der Marsch an diesem Nachmittag glich einer Art Geduldsspiel. War man solch einem schwarzen Schatten am Horizont endlich auf den Leib gerückt, so tauchte auch schon ein neuer auf, und dann wieder einer, und als wir Ourlana erblickten und es schon erreicht zu haben glaubten, hieß es immer noch ein langes Stück Wegs zurücklegen, ehe wir wirklich an Ort und Stelle waren.

Abseits der Oase, mit der Aussicht auf ihre dunkelgrünen Palmenwipfel, schlugen wir das Lager auf. An ein behagliches häusliches Niederlassen aber war noch nicht zu denken.

Hatte unsere Ruhestunde im alten, schattigen Park von Ourir schon etwas unter der Zudringlichkeit der Mücken gelitten, und hatten sie uns in ben Rezig am Ufer der Seguia in unserer Arbeit mit Erfolg zu stören versucht, so wurden sie hier zu einer fast unerträglichen Plage. Die ganze Luft war erfüllt damit. Haufenweise konnte man sie greifen. Sie krochen in Ohren und Nase, und sowie man den Mund öffnete, benutzten sie auch diesen als Schlupfwinkel. Wir dachten ein großes Feuer zu machen, in der Hoffnung, sie dadurch wenigstens in einem kleinen Umkreis zu vertreiben. Aber wie es der Zufall wollte, gerade an diesem Tage war das Brennmaterial knapp. Was wir aus Biskra mitgenommen, war bereits verbraucht. Es war ohnehin wenig gewesen, da

Zwischen den hohen Dünen

Jussuf versichert hatte, es würde sich unterwegs immer genügend davon auftreiben lassen. Diese Behauptung hatte uns höchlich erstaunt. Aber bis jetzt war sie zugetroffen. Gewöhnlich während der letzten Marschstunde sammelten die Kabylen alles, was sie auf dem Wege fanden, Reiser, Wurzelknollen und dergleichen. Wie diese Dinge dahingekommen waren, konnte man sich nicht erklären. Aber sie waren da, und zusammen mit dem harten, halbvertrockneten Gras, das wir überall, wo wir Station machten, vorfanden, hatte es immer für ein tüchtiges Feuer gelangt. Heute aber war die Lese so wenig ergiebig gewesen, daß der Ertrag kaum reichte, um eine bescheidene Mahlzeit dabei herzurichten.

„Warum schicken Sie nicht hinüber in die Oase und lassen etwas Holz holen?" fragten wir Jussuf.

„Das hat keinen Zweck," erwiderte er, „die Leute dort haben auch nichts."

Wir waren ja etwas anderer Ansicht. Aber da wir schon öfters den kürzeren gezogen hatten, wenn es sich um Dinge handelte, die das Leben und die Gebräuche der Eingeborenen betrafen, so behielten wir unsere Meinung diesmal für uns.

Beim Essen halfen wir uns so, daß wir uns mit dem Teller und der Speise hinter einen Moskitoschleier verschanzten. Das war nicht gerade sehr bequem, aber der Zweck war erreicht. Und wir konnten darüber lachen, wie die kleinen frechen Quälgeister mit wütendem Gesumm die weiße Mullwand attackierten. Ob sie über ihre Niederlage wüteten, ob ihnen der Appetit an den Fremden überhaupt vergangen, oder ob der Wind, der sich aufmachte, ihnen nicht zusagte? Jedenfalls waren sie einige Zeit später spurlos verschwunden.

An diesem Abend konnten wir uns nach Biskra zurückversetzt glauben. Die Oase, aus der, solange noch der Tag regierte, kein lauter Ton, kein Zeichen von Leben gedrungen war, erwachte immer mehr, je weiter die Nacht vorrückte. Tamtamschlag, Flötenspiel, phantastische Gesänge, wilde Schreie und bissiges Hundegebell zerrissen die nächtliche Stille, ließen wieder die Ahnung von glühender Sinnlichkeit entstehen.

Und wie wir es schon von den fiebrischen Nächten Biskras her kannten, stellte sich auch hier erst lange nach Mitternacht völlige Ruhe ein.

* * *

Menschenleer, in einem weichen, verträumten Frieden ruhend, so fanden wir am nächsten Morgen die Oase, als wir sie auf dem Wege, der weiter gen Süden führt, durchquerten. Als ob das ganze heiße, lärmende Leben der Nacht nur ein Gaukelspiel unserer Sinne gewesen wäre. Hier wie überall waren die Straßen mit hohen Lehmmauern gesäumt, die jeden Blick in das grüne Gewirr der Gärten neidisch verwehrten.

Eine unsagbar triste Strecke erwartete uns hinter Ourlana. Etwas wie ewige Trostlosigkeit schien dem armen Boden zu entströmen, schien die ganze Luft zu füllen und legte sich lähmend auf unsere Stimmung.

Aber siehe da, mitten in dieser verzweiflungsvollen Einöde fanden wir ein Paradies! Es war Sidi Amran, eine der denkbar reizvollsten Oasen.

Köstlicher Schatten und eine mit Wohlgerüchen erfüllte Luft umfingen uns. Hart am Wege rieselte eine kristallklare Quelle. Schlanke braune Knaben lagen auf dem üppig grünenden Boden und bewachten die Ziegen und Maulesel, die sie zur Tränke gebracht hatten. Ha, wie unsere Tiere lange Hälse machten und nach dem kühlen Labsal strebten! Und mit welchem Behagen sie es schlürften!

Aus dem dämmerigen Schatten heraus konnte man den sonnenüberfluteten Pfad verfolgen, der durch das Dorf bis vor den Eingang einer etwas höher gelegenen Moschee führte. Groß und breit beherrschte sie das ganze Bild. Auf dem flachen Dache des Gotteshauses waren eine Menge Leute um eine Gruppe Tanzender versammelt. Musik und Gesang erklangen, und eine laute, wilde Fröhlichkeit ging von diesen Menschen aus, die, in ihre weißen Burnusse gehüllt, unter dem strahlend blauen Himmel und im gleißenden Sonnenlicht phantastischen Erscheinungen glichen.

Sidi Amran

So völlig nahm uns das eigenartige Bild gefangen, daß wir ganz vergaßen, das nähere Zusammenkommen unserer Pferde zu vermeiden. Und schon war auch das Unglück geschehen.

Der famose Schimmel, den wir seines ruhigen und friedfertigen Wesens wegen das Schäfchen getauft hatten, schien sich mit einem Male all der Übeltaten zu erinnern, die ihm der eine Graue schon angetan, und den Moment der Rache für gekommen zu erachten. Mit einem mächtigen Hufschlag traf er den Feind, und dieser, nicht träge, vergalt in gleicher Weise, noch ehe der überraschte Reiter dies verhindern konnte. Die Pferde waren nicht sehr empfindlich, das hatten wir schon wiederholt beobachten können. Also beruhigten wir uns damit, daß der Vorfall keine schlechten Folgen haben würde.

Es fiel uns nicht leicht, Sidi Amran den Rücken zu kehren. Doch was half's? Weiter! hieß die Parole.

Und wieder umfing uns dieselbe verzweiflungsvolle Öde. Aber da wir noch ganz erfüllt von der Erinnerung an die entzückende Oase und trotz des kurzen Aufenthaltes auch physisch sehr erquickt waren, gewann sie nicht mehr dieselbe Macht über unsere Stimmung.

Dieser Tag brachte Überraschungen. Abermals bot sich uns ein ungewöhnlicher Anblick. In kurzer Entfernung bemerkten wir plötzlich eine große graue Masse ziemlich flach über dem Erdboden sich fortbewegen. Was konnte es nur sein? Bald hatten wir das graue schwankende Etwas eingeholt: es waren an die hundert Bouriquots, eine winzige Eselart, die kaum die Höhe eines Schafes erreicht. Sie haben treuherzige Köpfe, stockdünne Beinchen und sind von einem rührenden Eifer beseelt. Auf jedem dieser winzigen Tierchen saß rittlings ein ausgewachsener Araber. Die Füße des Reiters berührten den Boden, und der Burnus bedeckte nicht nur ihn, sondern auch den Leib des Eselchens. Alle Reiter hatten zum Schutze gegen Sonne und Staub die Kapuze hochgezogen, und so sah man von rückwärts nichts als die spitzen, in die Höhe strebenden Kopfbedeckungen und unnormal kurze Körper, die auf unzähligen Beinen zu laufen schienen. Ein Heer grotesker Gnomen, seltsam und komisch wirkend.

Überholte man aber diese Reiter und blickte in all die braunen, scharfgeschnittenen, ernsten Gesichter, die in der weißen Umrahmung der Kapuzen doppelt markant wirkten, so fiel mit einem Male alles Komische und Lächerliche von ihnen ab. Es läßt sich nicht leugnen: der Araber hat Haltung, und immer wieder macht sie den Fremden erstaunen und nötigt ihn zum Bewundern.

Freudig begrüßten wir eine Änderung des trostlosen Geländes. Der Boden fing an zu steigen. Bald hatten wir die Anhöhe erreicht und erblickten nun auf der anderen Seite, etwas tiefer gelegen, ein ganz neues Panorama. In Wirklichkeit war es eine weite, sumpfige Ebene. Aber die salpeterige Ausdünstung des Bodens täuschte wieder spiegelglatte Wasserflächen vor, gewaltige Dünen schoben sich wie Dämme dazwischen, und das Ganze machte den Eindruck einer großen schimmernden Seenkette. Selbst diese Vorspiegelung falscher Tatsachen genossen wir mit Entzücken.

In der Ferne winkte uns Mogar. Aber es hatte gut winken. Nicht so schnell würden wir in seine Mauern einziehen. Schon eine Weile konnten wir beobachten, daß die beiden Tiere, die sich in Sidi Amran geschlagen, sich schonten. Das Gehen auf dem unsicheren morastischen Boden schien die Sache zu verschlimmern, und plötzlich ging der Graue völlig lahm. Da blieb nichts andres übrig als absteigen und das Pferd am Zügel führen. Und zur Gesellschaft und weil eine Strecke zu Fuß gehen eine ganz gute Abwechslung bot, taten alle dasselbe. Nach Mogar, einer der größten Oasen auf dem Wege nach Süden, kamen wir auf diese Weise allerdings viel später, als wir gerechnet hatten.

In einem armseligen arabischen Café, dessen dicke Lehmmauern und dessen kleine niedrige Türe Wärme und Licht erfolgreich den Eingang wehrten, hielten wir Kriegsrat, sobald wir uns etwas von den ausgestandenen Strapazen der heißen Mittagswanderung erholt hatten. Programmäßig sollten und wollten wir an diesem Tage noch Tugurt erreichen.

Die versinkende Moschee in Tugurt

Und alles wäre gut gegangen, wenn — ja wenn uns die Pferde nun nicht den Strich durch die Rechnung gemacht hätten. Mit den beiden lahmen Tieren noch den Rest des Weges zu schaffen, war völlig ausgeschlossen. Da wir aber aus verschiedenen Gründen an der Ausführung unseres Planes festhalten wollten, faßten wir die Idee, Muhamed auf seinem tüchtigen Muli nach Tugurt zu senden, um dort einen Wagen aufzutreiben, der uns das letzte Stück Wegs, etwa zwanzig Kilometer, befördern sollte. Nachdem dieser Punkt erledigt, unsere Karawane eingetroffen war und Muhamed seine Mission angetreten hatte, lagerten wir uns in einem verwilderten Palmengarten zu wohlverdienter Rast.

Der Zeitpunkt rückte heran, zu dem wir Muhamed mit oder ohne Wagen zurückerwarteten. Aber nichts kam in Sicht. Eine weitere Stunde verging, und noch immer war weder etwas von Muhamed noch von einem Wagen zu erblicken. Die Hoffnung auf Erfüllung unseres Planes fing an zu schwinden.

Um den Rest des Tages nicht untätig zu verbringen, machten wir uns auf den Weiterweg. Die beiden „Pferdelosen" unserer kleinen Gesellschaft thronten nun auf Mauleseln, während die lahmen Tiere von Kabylen im Schritt nachgeführt wurden.

Bei dieser Gelegenheit wurde uns klar, wie nötig es gewesen wäre, Ersatzpferde mitzunehmen. Aber niemand hatte daran gedacht. Auch nicht unser guter Jussuf.

Als wir schon gar nicht mehr mit der Möglichkeit rechneten, tauchte nun doch noch das Fuhrwerk auf. Ein kleiner Kremser, mit zwei Pferden und zwei Maultieren bespannt. Der Kutscher ein Franzose und, wie sich nachher herausstellte, der Besitzer des einzigen französischen Hotels in Tugurt.

Es dauerte nicht lange und wir waren mit unserem bescheidenen Gepäck im Innern des Wagens untergebracht. Muhamed, der uns begleiten sollte, fand Platz neben dem Kutscher.

Jussuf verblieb bei der Karawane, die noch bis Sonnenuntergang marschieren und die letzte Strecke am nächsten Morgen zurücklegen sollte.

Nicht so leuchtend und farbenfreudig wie sonst ging an diesem Tage die Sonne unter. Es fehlte der warme, alles verklärende Glanz. Geradeso, als ob Verstimmung über ihr Antlitz zöge. Und ungewöhnlich rasch däuchte uns ihr Abschied und trister als sonst die Erde, nachdem sie gegangen war.

Eine kurze Zeitlang konnten wir noch einige kolossale Dünen in der Ferne und die Oasen unterscheiden, die rechts und links nicht allzu weit vom Wege lagen. Dann lösten sich alle Linien auf, und Dunkelheit umfing uns.

In Decken gehüllt und trotzdem fröstelnd saßen wir in dem engen, stockfinsteren Käfig, dessen Ledervorhänge herabgelassen waren, um die kalte Nachtluft so gut als möglich abzuhalten. Stuckernd und krächzend ging der Wagen bald über harten, steinigen Boden, bald schwankte er wie trunken in tiefem, nachgiebigem Sand. Da plötzlich ein gewaltiger Ruck, daß die Köpfe gegeneinander flogen, und halb nach der Seite übergekippt saß das Fuhrwerk in einer Vertiefung fest.

Wir kletterten heraus und fanden nun — nicht mehr die uns schon vertraute weiche blauschwarze Finsternis der südlichen Nacht, sondern eine undurchdringliche graue Atmosphäre, die alles zu erdrücken schien. Ein Sandsturm hatte sich erhoben, und wir waren mitten drin.

Zuerst hieß es jetzt den Wagen wieder aus der Vertiefung schaffen. Eine nicht ganz leichte Aufgabe, da keiner unterscheiden konnte, was der andere tat. Aber nach einigen vergeblichen Anstrengungen war die Arbeit gelungen.

Nun stellte der Kutscher fest, was er schon seit einer Weile befürchtete, daß er den Weg verloren hatte. Er hoffte ihn wieder zu finden. Also fuhren wir weiter.

Wir stiegen nicht wieder ein, sondern hielten uns hart zu dem Wagen, der bloß langsamen Schrittes vorwärts kam. Die müden und aufgeregten Tiere waren nur noch durch Peitschen und Zurufen im Gange zu halten. Und plötzlich versagten sie ganz, rührten sich nicht mehr von der Stelle.

Märchenerzähler in Tugurt

Es dauerte eine ganze Weile, bis sie sich einigermaßen beruhigt hatten und wieder anzogen. Inzwischen untersuchte der Kutscher den Boden auf irgend welche Spuren. Hätte er nur wenigstens eine Laterne besessen! Aber er hatte nichts mit als ein paar armselige Streichhölzer, die immer viel zu rasch erloschen.

Und wieder tasteten wir uns weiter in dem grauen Meer, wieder und abermals wieder wurde der Boden abgeleuchtet; endlich wurden die Spuren der Straße entdeckt.

Daß wir uns dahin zurückgefunden, war vielleicht weniger der Führung des Kutschers als dem Instinkt der Tiere zu danken, deren Ruhe und Willigkeit zum Vorwärtsgehen uns auch vermuten ließen, daß wir uns in der richtigen Direktion bewegten.

Wie lange mußten wir wohl noch in diesem grauen Chaos aushalten? Wie lange noch weiterkriechen auf diesem unsicheren Meeresboden, dessen gewaltige graue Wogen in jeder Sekunde über uns zusammenzustürzen und uns zu begraben drohten? Es lag etwas so erbarmungslos Gewaltiges in diesem Aufruhr der Natur, daß auch den Resolutesten ein banges Gefühl und das Bewußtsein seiner Ohnmacht und Nichtigkeit überkommen konnte.

Endlich, endlich glaubten wir ein Licht zu entdecken! Es verschwand. Tauchte wieder auf. Leuchtete etwas klarer. Und dann erschien noch eines, und zuletzt eine ganze Anzahl, wie an eine Kette gereiht. Kein Zweifel konnte mehr darüber herrschen, es waren die Lichter von Tugurt. Ohne daß wir es wußten, waren wir bereits in allernächster Nähe der Stadt angelangt. In wenigen Minuten würden wir den Fängen des Sturmes entronnen und zwischen schützenden Mauern geborgen sein. Erleichtert atmete ein jeder in dieser frohen Gewißheit auf.

Zwar ging es auf Mitternacht, aber es waren doch nur drei Stunden, um die wir uns verspätet hatten. Uns waren sie wie eine Unendlichkeit erschienen.

Tugurt

Wie am Abend der letzte, so galt am Morgen der erste Gedanke unserer Karawane. Wo mochte sie weilen? Wie mochte ihr der Sturm mitgespielt haben? Aber noch im Laufe des Vormittags fand sich zu unserer großen Freude Jussuf ein. Sie hatten mit Tagesanbruch, sobald die Richtung einigermaßen erkennbar war, ihren Weg fortgesetzt, waren wohlbehalten angekommen und lagerten nun draußen am Eingange zur Stadt.

Drei Tage lang trug die Oase ein tristes Gesicht. Drei Tage lang verhüllte der Sturm die reinen Linien des Bildes. Und lüftete sich hin und wieder der Schleier ein wenig, so war es nur, um gleich danach in um so dichteren Falten wieder herabzusinken.

Menschenleer erschien der Ort. Die Marktplätze lagen verödet. Aus den Cafés drang kein Tamtamschlag und keine verführerischen „Yu-Yu"-Rufe der Ouled Naïls. In den Straßen häufte sich der feine, graue Staub, in dem der Fuß wie in weichem Schnee versank.

Uns hielt es jedoch nicht zu Hause. Wir wagten uns hinaus und arbeiteten uns zu der halbversunkenen Moschee durch, die, ein Stück entfernt, außerhalb der Stadtmauern liegt. Wie ein Wrack aus der Flut, so ragen die Kuppeln dieses uralten Gotteshauses aus dem Sandmeer hervor. Da hilft kein Wehren! Langsam, aber unerbittlich wird es von dem mächtigen Feinde verschlungen, von demselben Feinde, der auch in dieser Stunde bei seiner vernichtenden Arbeit war, der dem Tage sein unbeschreiblich melancholisches Gepräge gab: grau der Himmel, grau die Erde, grau die Atmosphäre. Als ob niemals hier die Sonne geschienen hätte oder je wieder leuchten könnte.

Die niedrigen, flachen Häuser der Stadt, die sich nur in schwachen Umrissen markierten, die unregelmäßigen Dünenerhöhungen wirkten wie ein gewaltiger Todesacker, auf dem ein paar einsame Palmen als dunkle, unheimliche Wächter standen.

* * *

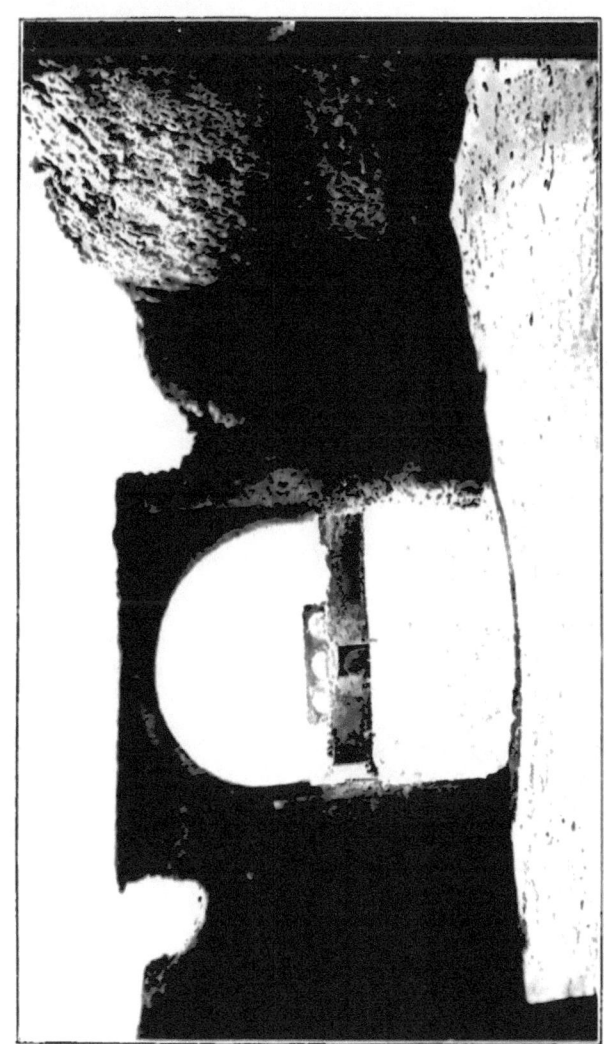

Eingang zur Zaouia in Tamelhat

Tugurt mit seinen 6000 Einwohnern und seinen 170 000 Palmbäumen, die den dunklen Hintergrund der farblosen Stadt bilden, ist von großer kommerzieller Bedeutung, da es auf dem Wege nach Ouargla im Süden und dem Gebiet des Souf im Osten gelegen ist. Aber als äußerst ungesund gilt dieser Ort, der sich am Ufer des Schott Ghemora ausbreitet. Und in früheren Jahren, als noch ein sumpfiger Graben die ganze Stadt umgab und die Luft mit seinen Ausdünstungen vergiftete, war sie ein richtiges Fiebernest. Vieles ist anders und besser geworden, seitdem die Franzosen die Herrschaft übernommen, aber das barbarische Klima, das zuweilen des Nachts eine Temperatur von 7 Grad Celsius unter Null und mittags 50 Grad Hitze im Schatten zeigt, und das überaus schlechte Wasser der Gegend setzen auch ihren Bemühungen unüberwindliche Schranken entgegen.

Entsprechend der Bedeutung des Ortes, der als wichtiger militärischer Vorposten betrachtet wird, ist die Festung. Die ziemlich ausgedehnte Kaserne und das Wohnhaus des Kommandanten, von einer hohen, massiven, mit Schießscharten und Wachttürmen versehenen Mauer umschlossen, wirken inmitten der niedrigen Häuser doppelt imposant. Gegenüber der Festung erhebt sich in blendender Weiße und in reizvoller Bauart das einzige große und bemerkenswerte Gebäude der Stadt, das sogenannte Bureau Arabe, in dem alle gerichtlichen Fragen geschlichtet werden.

Zwischen diese beiden wichtigen Punkte, die Kasba*) und das Gerichtsgebäude, schiebt sich ein weiter, unregelmäßig geformter Platz, der weder Baum noch Strauch, dafür aber einen anderen unschätzbaren Schmuck, einen gewaltigen artesischen Brunnen aufweist. Mit kolossaler Macht stoßen die Wassermengen in die Höhe, ununterbrochen, in treibender Hast, als ob sie nicht schnell genug zum Licht des Tages kommen könnten. In einem großen Bassin sammelt sich das kostbare Naß, und ein Aquädukt führt es weiter hinaus, wo es sich in hundert Adern ergießt und Leben und Fruchtbarkeit hervorzaubert.

---

*) Kasba — Festung.

An demselben großen freien Platze, dessen lebenspendender Brunnen das Auge erquickt, lag das Hotel, das einzige, das Tugurt aufzuweisen hat. Aber Zimmer gab es nicht in dem kleinen Hause. Hier fanden wir uns nur zu den Mahlzeiten ein. Und diese wären gar nicht zu verachten gewesen, trotzdem als Fleischgericht meist nur Hammel in irgendeiner Form erschien, wenn nicht die entsetzliche Fliegenplage gewesen wäre. In Biskra glaubten wir uns schon über diese schwarze Gesellschaft beklagen zu müssen, aber mit Unrecht, wie wir jetzt einsahen. Denn dort waren es ja einsame Exemplare und Aristokraten ihres Geschlechts, verglichen mit dem zudringlichen Geschmeiß, das sich hier breit machte. In wenigen Sekunden war eine Speiseschüssel so dicht belagert, daß man nicht mehr erkennen konnte, was sich darunter verbarg. Jeden Bissen mußte man sich erkämpfen. Und die Tiere ließen sich eher töten, als daß sie ihren Platz aufgaben. Das waren Mahlzeiten mit Hindernissen, bei denen der Appetit meist Reißaus nahm. Gewöhnlich hielten wir uns danach mit einer tüchtigen Portion Datteln schadlos.

In der Straße, die wir bei unserer nächtlichen Ankunft zuerst passiert hatten, in einem langgestreckten einstöckigen Gebäude von der Art, wie sie in diesem sogenannten europäischen Stadtteile alle waren, lagen die Räume, in denen wir wohnten. Kahl waren sie wie Gefängniszellen: geweißte Wände, ein Tisch, ein Stuhl, ein Bett, der Boden aus festgestampftem Lehm. Ein kleines vergittertes Fenster ließ nur spärliches, durch einen Arkadengang ohnehin gedämpftes Licht hinein. Man betrat die Räume direkt von der Straße, und durch die Spalten der schlecht schließenden Türen trieb der Wind den Sand zu Haufen in die Stuben.

Wie gerne wären wir trotz des ungünstigen Wetters in unsere Zelte zurückgekehrt! Aber die Leute sollten ein paar völlig freie Erholungstage haben. So opferten wir unsere Wünsche.

* * *

Tor mit Wunschknochen in Tamelhat

Endlich schien die Sonne wieder! Endlich strahlte der Himmel wieder in fleckenlosem Blau! Endlich kamen die Menschen wieder aus ihren Höhlen hervor, in die sie sich verkrochen hatten, und die Straßen und die Cafés, diese einzigen Vergnügungsorte der Oasen, belebten sich. Wie das gut tat! Wie dankbar man alles empfand nach der vorhergegangenen Grabesstimmung.

Es war Markttag, und auf dem weiten Platz um den mächtigen Brunnen herrschte ein buntes Gewimmel. Alle afrikanischen Rassen waren hier vertreten, vom mattgebräunten Bewohner des Tells bis zum ebenholzschwarzen Sudanesen.

Datteln schienen auf dem Markt von Tugurt das größte Tausch-, Kauf- und Verkaufsobjekt zu sein. Datteln aller Arten: große, durchsichtig goldig-braun mit saftigem Fleisch, dunkelbraune, schmal und mager, und kleine graue, die bei den Eingeborenen sehr beliebt sind, weil sie sich ihrer trockenen Haut wegen leicht im Burnus mitnehmen lassen. Zu großen Haufen waren sie auf dem Boden aufgeschichtet, und Fliegen, Käufer und Händler drängten sich darum.

Im Schatten der hohen Festungsmauer standen, ihrer schweren Lasten entledigt, die Kamele und taten sich an Dattelkernen gütlich; in der Nähe der großen Moschee hatten die Messerschmiede mit ihren interessanten Arbeiten sich niedergelassen, und in einer anderen Ecke verführten bunte Stoffe, Kamelhaarkordeln und Nähartikel allerprimitivster Art zum Kaufen.

Auf dem zweiten und viel kleineren Marktplatze bot man Getreide in bescheidenen Mengen feil, gelbe Rüben und Zwiebeln, die zur Kuskuswürze so nötigen Zutaten, Brennholz, hier ein seltenes und kostspieliges Material, das nur in einzelnen Stücken verkauft wird, und Hammel und Schafe, die vor den Augen des Käufers geschlachtet und zerteilt und geröstet werden.

Dies alles erinnert an den Markt von Biskra, und doch löst es bei dem Beschauer nicht dieselbe Wirkung aus. Es lastet eine schwüle, drückende Stimmung über dem Ganzen.

Es fehlt dem Bilde der heitere, fröhliche Ton, der einen Besuch auf dem Marktplatz von Biskra zu solchem Genusse stempelt.

* * *

Im Westen der Kasba liegt der ärmere Teil der Stadt: viele, viele kleine, aus getrocknetem Schlammboden errichtete Gurbis.*) Lange, gewundene, überbaute Gassen, in die niemals die Sonne dringen kann, führen durch dieses kühle Labyrinth. Nur wo die Wege sich kreuzen, fällt etwas Helligkeit von oben hinein und läßt den Wanderer die Richtung erkennen. Diese schmalen, lichtlosen Gänge, in denen sich rechts und links an den Mauern Lehmbänke entlang ziehen, dienen den Obdachlosen als Heim und den Einwohnern als Aufenthaltsort und Schlafstelle, wenn die brutale Macht der Sonne die Erde zur Hölle wandelt.

Auf diese finsteren Wege münden auch die Eingänge zu den Wohnungen, in denen die Menschen hausen. So etwas von Armseligkeit kann man sich nur vorstellen, wenn man es gesehen hat.

Ein enger Gang führt zu einer niedrigen fensterlosen Höhle, die uns selbst für Tiere zu schlecht dünken würde, und darin hausen oft vier, sechs und noch mehr Personen. Wie sie da zurechtkommen, blieb uns ein ungelöstes Rätsel. Manche teilen diesen winzigen Raum sogar noch mit den Hühnern. Das flache Dach dieser Höhle bildet eine Terrasse, auf der sich am Abend jung und alt einfindet. Am Tage vergnügen sich dort die Ziegen und das Federvieh.

In manchen Wohnungen verkrochen sich bei unserem Eintritt die Frauen in die hinterste Ecke, um nicht gesehen zu werden. In anderen benahmen sie sich viel weniger scheu und freuten sich, wenn man ihre trotz allem Schmutz entzückenden Kinder bewunderte und beschenkte.

Ein gleichmäßiger Ton, den wir schon kennen gelernt hatten, der triste Gesang der Handmühle, drang an unser

---

*) Gurbi — Haus.

Hausverzierung in Tamelhat

Ohr. Wir folgten ihm und fanden hinter der Eingangstüre eines Hauses im Stockdunkeln auf der blanken Erde sitzend eine verschrumpfelte Frau damit beschäftigt, die Gerste für den Kuskus zu mahlen. Ihre Familie mußte entschieden zu den Wohlhabenden zählen, um sich dieses Gericht leisten zu können. Denn die größte Zahl dieser armen Bewohner lebt von Heuschrecken: man zerreibt sie zu Mehl und backt Brot daraus, man ißt sie roh, gekocht oder gebraten. Die Haufen von feinen schillernden Flügeln, die sich vor den meisten Wohnungen finden, verraten deutlich, welche Unmenge von diesen Tieren vertilgt wird.

Unwillkürlich mußten wir an unseren Besuch in Ain-el-Hammam zurückdenken und konstatieren, daß diese Menschen, in der großen Weite der Sahara wohnend, noch viel ärmer waren als jene auf ihren steilen Bergeshöhen.

* * *

Den letzten Tag unseres Aufenthaltes benutzten wir zu einem Ausfluge nach Temacine und der Zaouia Tamelhat, fünfzehn respektive zwanzig Kilometer weiter südlich gelegen.

Eine tiefsandige Ebene trennt Temacine von Tugurt. Aber hat man diese gähnend öde Strecke durchquert, so hält die Wüste eine große Überraschung bereit. Unähnlich allen Oasen, die sich meist flach wie auf einem Tisch ausbreiten, präsentiert sich Temacine: an einer steilen Anhöhe streben die Häuser empor, überragt von den Kuppeln der Moscheen. Eine hohe Ringmauer, von Wachttürmen flankiert, umschließt den Ort. Eine wehrhafte Stadt aus dem Mittelalter glaubt man vor sich zu sehen. Doppelt malerisch wirkend in diesem Lande, in dieser Umgebung.

Stolz und uneinnehmbar sieht Temacine in der Entfernung aus. Aber kommt man näher, so zeigt es sich leider, daß die starken Umfassungsmauern zerbröckeln, daß die aus Lehm und Erde errichteten Häuser vom Winde zernagt und ihre Wände geborsten sind.

Von der Plattform eines Minaretts, der auf dem höchsten Punkte sich erhebt, bot sich ein entzückender Blick über die altersgraue Stadt, über die dunklen Palmenhaine, die sich wie ein Kranz um den Hügel breiten, und über den großen See Behar-Merdjaga, in dessen salziger Flut sich die Umgebung spiegelt.

Wie schon in Tugurt, so fiel uns auch in Temacine die dunkle Hautfarbe der Bewohner auf, und an verschiedenen Merkmalen war leicht zu erkennen, daß sich die arabische Rasse hier nicht rein erhalten, sondern reichlich mit Negerblut gemischt hatte.

* * *

Trostlos, verloren in grausam schattenloser Sandwüste, dem Verfalle geweiht, so erscheint die Zaouia Tamelhat. Aber unter dieser äußerlichen Ruhe pulsiert vielfältiges Leben.

Was ist eine Zaouia? Sie ist die Residenz eines Marabuts, eine Schule, ein Kloster, ein Hospital, ein Armenhaus, alles vereinigt. Eine Welt für sich.

Hierher kommen die jungen Leute, um sich in den Lehren des Korans unterrichten zu lassen, hierher flüchten die Weltmüden, hier werden Fremde und Pilger unentgeltlich aufgenommen und bewirtet, hier finden Kranke eine Unterkunft und Arme, die nichts mehr ihr eigen nennen, Nahrung und ein Heim, solange es ihnen zu bleiben beliebt. Und nicht einmal zu arbeiten brauchen sie dafür, wenn sie nicht freier Wille dazu treibt.

In der Zaouia wohnen die Lehrer, die die verschiedensten Weisheiten übermitteln, sie beherbergt Mediziner und Astrologen, Quacksalber, die Amulette verschreiben, und Irre. Über ihnen allen thront, von gewaltigem Nimbus umgeben, der Marabut, dessen Herrschaft jedoch nicht an den Mauern der Zaouia haltmacht. In seiner Person verkörpern sich geistliche und weltliche Macht, er wird als der Vertreter des Propheten auf Erden betrachtet. Von nah und fern wallfahrten die Gläubigen zu ihm, um sich Rats zu erholen. Er schlichtet Streitigkeiten, er verteilt Almosen, er hilft in Zeiten großer Not, und er glaubt vielleicht selbst daran, daß er Kranke

Architektur in Tamelhat

heilen und den Segen oder Zorn des Propheten herabbeschwören kann.

Eine Zaouia [mit all ihren Bewohnern und all den Aufgaben, die sie sich stellt, wird völlig durch freiwillige Gaben unterhalten. Doch betrachtet sie diese Unterstützung wie ein gutes Recht und erwartet, daß jeder brave Muselman der Vorschrift des Korans gemäß ihr den Zehnten seines Einkommens abliefert. Dies geschieht in Geld und Naturalien aller Art, und die Einnahme mancher Zaouia soll sich auf Hunderttausende belaufen.

Der Marabut von Tamelhat nimmt seinen Titel und seine Stellung durch Geburtsrecht ein, eine seltene Ausnahme. Denn bei den Arabern vererbt sich dieser Ehrentitel für gewöhnlich nicht, sondern sie geben ihn nur einem Manne, nachdem er sich durch große Weisheit und Frömmigkeit ausgezeichnet hat.

*   *   *

Ein hoher offener Torbogen bildet den Eingang zu Tamelhat. Durch heiße, unbelebte Gassen, durch langgestreckte kühle Wölbungen wandelten wir, bis wir das Haus des Marabuts erreicht hatten.

Gab es hier drahtlose Telegraphie oder Geheimdienst? Fast schien es so. Denn unsere Ankunft war bereits bekannt, und schon wartete vor dem Hause ein Angestellter, um uns zu führen. Aber wir sahen nichts als leere Räume. Und schlimmer als diese war das große Empfangszimmer, das uns der Cicerone mit besonderem Stolze zeigte, denn die Ausstattung bestand — o Graus! — aus ordinärsten europäischen Machwerken: aus ein paar Kommoden, einigen bunten Glasvasen und Petroleumlampen. Daß der Marabut „sehr modern dachte", bewies er außerdem dadurch, daß er sich über das Vorurteil aller frommen Islamiten hinweggesetzt und sich in Tunis hatte photographieren lassen. Gleich in drei Kopien großen Formats zierte sein Bild die mit Kalk geweißten Wände. Nach dem Konterfei zu urteilen war er ein ungeheuer fetter Mann mit einem plumpen Gesichte, aus dem unter etwas hängenden Lidern ein paar kluge, kalte Augen dem Besucher entgegenblickten.

Noch ehe wir das Haus verließen, erhielten wir eine Einladung zum Mittagessen. Denn der Sitte entsprechend soll kein Besucher unbewirtet die Zaouia verlassen. Da wir aber zu gleicher Zeit erfuhren, daß der Marabut an diesem Tage eine Visite in der Umgegend machte, wir also doch nicht Gelegenheit hatten, ihn kennen zu lernen, lehnten wir dankend ab.

Arm und uninteressant erscheint das Dorf, das die Zaouia im Viereck umgibt. Aber im Herzen der Zaouia findet man Gassen und Winkel und Dekorationen von feinem Reiz: ein Fries an einer Halle überrascht durch die Reinheit seiner Zeichnung, die an griechische Kunst erinnert, Schmuckflächen über Torbögen oder Türeinfassungen aus wunderschön getönten alten arabischen Kacheln wirken vortrefflich in dem Sandgrau der Mauern, und handgeschmiedete Fenstergitter zeigen selten edle Muster. Die Architektur macht den Eindruck, als ob sie von einem Künstler empfunden, aber von ungeübten Händen ausgeführt worden wäre, und als ob man mitten in der Arbeit ein „Halt!" gerufen hätte.

Ganz unauffällig fügt sich die eigenartige Moschee dem Bilde ein. Im Kuppelraum, dessen Wände mit Polychromarbeiten von harmonischer Farbenwirkung geschmückt sind, schläft der Vorfahre des jetzigen Marabuts, Sidi-el-Hadj-Ali-ben-el-Hadj, seinen ewigen Schlaf. Wie einen großen Heiligen verehrt man ihn.

Neben seiner feierlich wirkenden Ruhestätte steht wie verschüchtert eine buntbemalte windschiefe Sänfte. In dieser wird an Festtagen der Marabut wie eine hehre Gottheit durch die Reihen der frommen Pilger getragen. Bis eines Tags ein noch Mächtigerer kommt und ihn zur tatenlosen Ruhe neben seinen berühmten Ahnen zwingt.

Es kostete Überwindung, aus dem kühlen, erquickenden Halbdunkel der Moschee wieder hinaus in das blendende Tageslicht, in die sengende Sonnenglut zu treten. Nur die Ruhe, die einen im Hause des Gebets umfing, setzte sich

Straße in Tamelhat

auch auf der Gasse fort. Im kurzen Schatten der Häuser saßen eine Anzahl Männer, schweigend, traumverloren. Sie mochten zu jenen zählen, die nichts mehr ihr eigen nennen als die armselige Kleidung, die sie auf dem Leibe tragen. Aber sie zeigten ruhige, zufriedene Gesichter. Und wie eine Insel der Ruhe und des Friedens taucht die halbzerfallene Zaouia in der Erinnerung auf.

Von Tugurt nach El-Oued

Nun sollten wir erst die echte, die wahre Wüste kennen lernen. So versicherte nicht nur Jussuf, so sagte auch unser Hotelwirt, der mit dem Lande wohlvertraut war. Über die großen berühmten und gefürchteten Dünen sollte der Weg gehen.

Das bedingte eine etwas andere Reiseart. Wir mußten jetzt auf die Dienste unserer Pferde verzichten und Maulesel zum Reiten benützen. Die Lasten, die diese Tiere getragen hatten, wurden zwei Kamelen aufgebürdet, die wir noch hinzumieteten. Auch ein neuer Führer mußte engagiert werden. Es war ein Nomade. Ein Prachtkerl.

Wir hatten beschlossen, in früher Morgenstunde aufzubrechen, um in der heißen Mittagszeit genügend ruhen und trotzdem die vorgeschriebene Etappe ohne Hasten zurücklegen zu können. Aber keinem Menschen dürfte es wohl gelingen, eine Sache pünktlich auszuführen, solange er von Arabern abhängig ist, da es diesen an jeglichem Verständnis für Zeit und Pünktlichkeit fehlt. Etwas wie Mitleid und Verachtung empfinden sie für den Europäer, der sich ihrer Ansicht nach von seiner Uhr tyrannisieren läßt.

Dank dieser arabischen Charaktereigenschaft war also weder das bestellte destillierte Wasser eingetroffen, noch das Brot, noch einige andere Dinge, die wir dringend benötigten. Nach allen Richtungen stoben nun in der letzten Minute die Leute auseinander, um noch herbeizuschaffen, was irgend möglich war.

Endlich stand alles zum Abmarsch bereit. Schon bald hinter Tugurt beginnen die Dünen. Noch zag in der Form, wie die Wellen, die das Meer bei eintretender Flut voraussendet. Allmählich, aber stetig wachsen sie dann an. Und ebenso allmählich verschwinden die verkrüppelten Sträucher, das letzte bißchen Vegetation, das sich noch bis hierher gerettet hat. Verschwinden auch die schwarzen, geschäftig eilenden Käfer, die sich scharf von dem hellen Boden abheben. Bis am Ende nichts mehr übrig ist als reiner, fleckenloser Sand.

Nun begann vor allem für die Tiere und ihre Begleiter eine mühevolle Zeit. Auf und ab. Auf und ab. Ein lautloses Marschieren auf dem weichen, grundlosen Boden. Die Kamele, diese großen, unförmigen Geschöpfe, mit ihrem Paßschritt hinterlassen kaum den Eindruck ihrer breiten Füße. Aber die armen Esel mit ihren dünnen Beinen und ihrem kurzen trippelnden Gang sanken oft bis zur Bauchhöhe ein. Und gar erst die Pferde! Wäre nicht eines davon so brav und willig gewesen und vorausgegangen, so hätten die anderen sicher gestreikt, denn sie machten alle Anstalten dazu. Bis sie erst gelernt hatten, an den Hängen auf allen Vieren herunterzurutschen, strengten sie sich derart an, daß sie in Schweiß gebadet waren. Und die Leute, die die aufgeregten Tiere führten, hatten wahrlich keine leichte Aufgabe.

Aber auch an komischen Intermezzos fehlte es nicht. So erregte es die größte Heiterkeit, als Jussuf, der eingeschlafen war, kopfüber von seinem Maulesel herunterpurzelte, dieser ihm ganz verdutzt nachkollerte und sie sich beide eng vereint im Sande wälzten.

Dann hieß es Jagd auf einen Ausreißer machen. Es war das schönste Tier aus der Menge. Gut genährt und fast ganz weiß im Fell. Der tüchtigste Läufer. Voller Ehrgeiz. Immer an der Spitze. Dabei aber launisch und eigensinnig, wie nur ein Esel sein kann. Schon verschiedene Male hatte er zu flüchten versucht. Nun endlich war es ihm gelungen. Ehe man sich versah, verschwand er hinter einer Düne und tauchte im nächsten Moment schon auf der Spitze einer anderen auf. Unter jämmerlichem Schreien versuchte ihm sofort sein kleiner brauner Bruder zu folgen, der sich nur in der schützenden Nähe des Stärkeren wohl fühlte. Und es hätte nicht viel gefehlt, so wäre die ganze Karawane in heillose Unordnung geraten. Da alle Leute mit der Beaufsichtigung der Tiere zu tun hatten, nahmen wir die Verfolgung auf. Es wirkte ungeheuer komisch, wie die Kanaille mit ganz verschmitztem Gesicht immer auf der Höhe einer Düne seelenruhig wartete, bis wir ganz nahe herangekommen waren, dann mit einem Satz zwischen uns hindurchsauste und auf der nächsten Düne dasselbe Spiel begann. Da kam einer der Herren auf die Idee, seinen Revolver abzuschießen. Der Schreck half. Diesmal scheute der Flüchtling unsere Nähe, und anstatt weiter weg zu streben wie bisher, machte er Kehrt und rannte, was er konnte, zu der Karawane zurück. Unser armes Geschirr! Es tanzte einen heftigen Cancan in den Körben auf seinem Rücken, und wir waren nicht erstaunt, als wir hörten, daß es Beulen und Brüche gegeben hatte.

Durch den verspäteten Aufbruch und die Eseljagd hatten wir viel kostbare Zeit verloren, und nicht nur, daß wir die Bordj M'quitla erst in der heißesten Mittagsstunde erreichten, es hieß auch die Ruhepause bedeutend abkürzen, um das Versäumte wieder einzuholen.

Bis jetzt hatten wir es stolz verschmäht, den Gastraum einer Bordj zu benützen, denn die Schilderungen, die man uns von den Reinlichkeitsverhältnissen dieser Karawansereien gegeben hatte, klangen wenig verlockend. An diesem Tage aber waren wir willens, all unseren Stolz über den Haufen zu werfen. Die Hitze war so intensiv, die Sonne so blendend, daß wir mit der schrecklichsten Höhle vorlieb nehmen wollten, solange sie nur Kühle und Schatten gewährte. Aber die Bordj M'quitla war gar keine Höhle. Sie enthielt sogar zwei Räume, die sauber und gelüftet waren und in deren angenehmem Halbdunkel die angestrengten Augen sich schnell erholen konnten. Während wir in dem einen Raum ein rasch bereitetes Mittagsmahl verzehrten, richtete Ahmed den anderen Raum zum Ruhen her, indem er eine Anzahl Matten und Teppiche ausbreitete. Es erschien uns schon ganz natürlich, wie die Araber, auf den flachen Boden gelagert, Siesta zu halten.

Höher und höher wuchsen hinter M'quitla die Dünen. Man überstieg sie nicht mehr wie im Anfang, sondern man umritt sie in halber Höhe. Das Gefühl des Vorwärtskommens ging dabei völlig verloren. Es war wie ein unaufhörliches Um-sich-selbst-Herumgehen. Wehe dem, der sich ohne berufene Führung in dieses Labyrinth wagt!

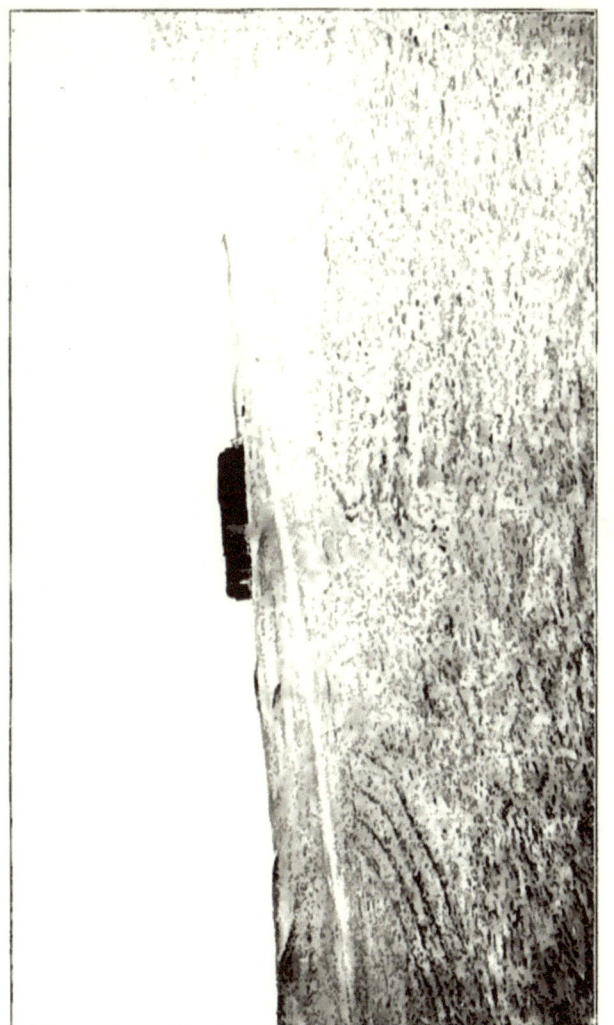

Bordj M'quitla

Jede Fährte hatte der vorhergegangene tagelange Sandsturm verwischt. Da existiert kein Baum, kein Strauch, der dem Auge als Erkennungszeichen dienen kann. Den einzigen Orientierungspunkt bildet die Guemira*) — den Leuchtturm dieser Sandsee könnte man sie nennen — die sich in bestimmten Abständen auf den Dünen erhebt. Für das ungeübte Auge ist es beinahe unmöglich, sie in der Entfernung zu entdecken. Aber mit einer geradezu erstaunlichen Sicherheit fand unser Führer den Weg dahin.

Seltsam grandios, unheimlich, fast beängstigend wirkt das unermeßliche Sandmeer, das auf allen Seiten nur der Horizont begrenzt, wirken die gewaltigen Wellenlinien, die erstarrt zu sein scheinen und doch in ewiger unaufhaltsamer Bewegung sind. Ja, man hatte recht: erst dieses war die echte Wüste! Der ganze Weg nach Tugurt konnte nur als eine Vorbereitung dazu betrachtet werden.

Unsere Karawane hatte sich nach und nach sehr auseinandergezogen. Einzelne der Tiere waren von den schweren Strapazen des Tages nahezu erschöpft und konnten nur noch mit Mühe vorwärts kommen. Aber da es nicht möglich war, auf dem nachgiebigen Dünenboden Zelte zu errichten, hieß es unerbittlich vorwärts bis zur nächsten Bordj.

Um das Maß vollzumachen, teilte uns der Führer nun auch noch mit, daß ein Sturm im Anzuge sei. Mit dem besten Willen läst es sich nicht behaupten, diese Ankündigung hätte irgendwelche Freude bei uns hervorgerufen.

Kaum war der Nachtrab eingetroffen, den wir erwarten mußten, um nun dicht aneinander gegliedert zu marschieren, so erfüllte sich auch schon die Prophezeiung des Nomaden. In allerkürzester Zeit war die Ruhe um uns her in wild bewegtes Leben verwandelt. Wie leichten Schaum trieb der Wind in rasender Schnelligkeit eine dünne Sandschicht an den Hügeln hinan, und oben von allen Kämmen stieg es empor wie dichter Dampf. Als ob die ganze Erde in Fluß geraten sei. Die Sonne verschwand längst vor der Zeit und

---

*) Guemira — eine aus Steinen errichtete Pyramide.

mit einem noch viel trüberen Gesichte als an jenem Tage, da wir auf dem Wege nach Tugurt zum ersten Male den Schrecken der Wüste kennen lernten.

Immer wieder ermahnte der Führer zur Eile, damit wir noch vor völliger Nacht das Ziel erreichten. Unaufhörlich erklang das harte „Arrr, Arrr" der Kabylen, um die Tiere anzufeuern, sauste der Stock auf die Schenkel der armen Geschöpfe nieder.

Der Sand stach wie mit tausend feinen Nadeln ins Gesicht, füllte die Augen und erschwerte das Atmen. Erst als wir dem Beispiel der Eingeborenen folgten und Kopf und Gesicht mit einem Turban verhüllten, wurde die Situation etwas erträglicher.

Manchmal lichtete sich das dicke Grau, und man konnte sekundenlang einen Überblick gewinnen. Das kochte und dampfte und quirlte ringsumher, und aus diesem Hexenkessel stieg endlich, endlich die Bordj Ferdjane vor uns auf. Eine ergreifende, düstere Größe lag über diesem einsamen Gebäude, das mit seinen festen Mauern und seinen gewölbten Dächern seinem unermüdlichen Feinde so energisch Trotz bietet.

Erst in diesen Stunden lernten wir den Segen einer Bordj in vollem Maße erkennen. Hinter schützenden Mauern geborgen! So ungefähr mag einem Schiffbrüchigen zumute sein, der wieder festen Boden betritt.

Das Essen konnte man an diesem Abend nicht genießen. Es war derartig mit Sand durchsetzt, daß man nur diesen zwischen den Zähnen fühlte. So kamen als Ersatzgericht die Datteln wieder zu ihrem vollen Rechte. Bis lange nach Mitternacht tobte der Sturm. Durch die schmalen Ritzen der Holzläden, mit denen die Schießscharten verschlossen waren, drang der Sand in Menge in den Schlafraum, und ehe wir am Morgen ins Freie gelangen konnten, mußten die Leute erst einen Sandhügel wegschaffen, der die auf den Hof führende Türe verrammelte.

Nicht selten werden Reisende durch den Sturm tagelang an die Bordj gefesselt. Doch wir hatten Glück. Ein strahlender Morgen kam herauf. Und frühzeitig machten wir uns auf den Weiterweg. Wie verklärt lagen die Dünen. In einer Verklärung, die zur Freude und zur Andacht stimmte.

„Das Land des Lichts" nennt der Araber seine Heimat, und er könnte keine bessere Bezeichnung finden. Denn hier lebt das Licht, hier schafft es Wunder, hier gibt es allein die Schönheit. Nur dem Licht dankt das tote, fahle Sandmeer seinen immer wechselnden Farbenzauber, der die Sinne des Wanderers umschmeichelt und ihn über die fürchterliche Öde hinwegtäuscht, in der er sich befindet. Erst gegen Mittag mit dem Höhersteigen der Sonne muß der warme Goldton, das Erikarot, das gedämpfte Violett, das zarte Graublau, die einander ablösen, dem lichten Silbergrau weichen, das so lange die Herrschaft übernimmt, bis in den Nachmittagsstunden das unvergleichliche Farbenspiel von neuem beginnt und erst bei Sonnenuntergang in glühenden Tönen erlischt.

* * *

Trotz der schweren Strapazen des vorhergegangenen Tages befanden sich Menschen und Tiere wieder in voller Frische. Es muß an der unvergleichlich reinen, trockenen Luft der Wüste liegen, daß Erschöpfung so rasch überwunden und bei allen Beschwerlichkeiten die Energie erhöht wird.

In der Mittagsstunde erreichten wir die Bordj Mouiat el Kaid, in der wir Rast hielten, und am Abend langten wir an der Bordj Ourmas an. Die Dünen wuchsen auf dieser Strecke zu enormer Höhe empor, und der Marsch hatte wiederum große Anforderungen an Kraft und Ausdauer gestellt. Aber alles war gut gegangen. Nur unser kleiner Wassermann — so titulierten wir das schmächtige Eselchen, das die beiden Wasserfässer trug — bereitete uns Unruhe. Er warf sich auf die Erde, verdrehte die Augen und tat ganz so, als ob er von seinem arbeitsreichen Leben für immer Abschied nehmen wollte. Sobald man ihn seiner Last entledigt hatte, erholte er sich aber und trabte mit der Karawane weiter. Einige der Kabylen behaupteten, er sei ein Schauspieler und wollte sich nur einen bequemen Tag verschaffen. Aber dann spielte er seine Rolle wirklich sehr geschickt, denn sobald die Rede davon war, ihn wieder zu seiner Pflicht zurückzuführen, wiederholte er die effektvolle Szene. Am Abend betätigte sich Jussuf als Arzt: er gab dem Patienten eine tüchtige Dosis Schrot ein. Und das Mittel half. Am nächsten Tage war unser kleiner Wassermann wieder völlig kuriert.

* * *

Schon in aller Frühe herrschte lebhafte Unruhe im Lager. Das Bewußtsein, in einigen Stunden El-Oued zu erreichen, elektrisierte einen jeden, regte zu rascherer Arbeit an. Bald waren die Tiere beladen und die Karawane in Fluß. Wir befanden uns in doppelt gehobener Stimmung, denn wir saßen nun wieder auf dem Rücken unserer Pferde.

Alle Ehre den braven, wackeren Mauleseln! Sie sind gewiß klug genug, um zu wissen, daß das Reiten auf ihnen gerade kein Vergnügen genannt werden kann, und betrachteten uns darum hoffentlich nicht als undankbar, weil wir ihnen bei der ersten passenden Gelegenheit die Treue brachen.

Noch immer waren wir zwischen den Dünen. Aber sie glichen Bergen in ihrer kolossalen Größe. Da dies ein gleichmäßigeres Marschieren mit sich brachte, wurde das Vorwärtskommen auch für die Pferde ganz bedeutend erleichtert.

Mit der Zeit wichen die Hügel immer weiter auseinander und öffneten den Blick auf eine Ebene, die einem ausgetrockneten Seebette glich. Mitten darin breitete sich in seiner ganzen Stimmungslosigkeit ein Friedhof aus. Wenige Minuten später hielten wir vor den grauen Stadtmauern, die sich selbst in kurzer Entfernung vom Erdboden nicht unterscheiden lassen.

* * *

El-Oued ist die größte von allen im Soufgebiet gelegenen Oasen, mit einem ganz eigenen, charakteristischen Gesicht, die Stadt so licht, so schweigend und so fleckenlos wie die

El-Oued mit den Dünen im Hintergrunde

unermeßlichen Dünen, in die sie gebettet liegt. „Die Stadt der tausend Kuppeln", wie der Eingeborene sie nennt, denn alle Häuser zeigen die gewölbten Dächer, die dem Sand keinen Halt bieten, auch wenn der Sturm in seinem Zorn noch so große Mengen darüber ausschüttet. Ein mattes, leicht patiniertes Weiß ist die allein herrschende Farbe: die Häuser, die Moscheen, die auf luftigen Säulen ruhenden Markthallen, alles zeigt denselben zarten Anstrich.

Wenn die untergehende Sonne die weiße Stadt in warme Purpurfarbe kleidet, erwacht sie für kurze Zeit aus ihrer lächelnden Ruhe: auf dem weiten Marktplatz spazieren die Männer, durch die engen, gewundenen, von hohen Mauern begrenzten Gassen, wo der Fuß im weichen Sande versinkt, huschen verschleierte, nach Moschus duftende Frauen, und an den Brunnen finden sich junge Mädchen ein, die mit unbeschreiblicher Anmut ihre bunten Lumpen und mit vollendeter Grazie die Amphora auf dem Rücken oder der Schulter tragen.

Nicht minder merkwürdig als die Stadt sind die versunkenen Gärten, die draußen vor den Toren liegen. Um das Wasser des Oued Souf — der wie der Oued Rir tief unter der Erde seine Bahn verfolgt — nutzbar zu machen, werden ungeheure trichterförmige Höhlungen ausgegraben und auf deren Grund die Dattelbäume angepflanzt. So erhält die Palme das, was sie nach Ausspruch der Saharabewohner am meisten liebt: sie steht mit den Füßen im Wasser und hat das Haupt im Feuer des Himmels. Aber während diese beiden Mächte sonst so ziemlich alles allein schaffen, ist die Mithilfe des Menschen in den Gärten von El-Oued unerläßlich, und voll Staunen und Bewunderung blickt man auf seine Arbeit. Mit dem Aushöhlen des Bodens und dem Anpflanzen der Bäume ist es längst nicht getan. Ununterbrochen heißt es das Gebiet verteidigen, indem während jeder Nacht der Sand wieder heraufgeschafft wird, den der Wind ohne Unterlaß in die Tiefe weht. Geschähe das nicht, so wäre nach wenigen Tagen das Getreide, der Tabak, das Gemüse, kurz alles, was man unter den Bäumen anpflanzt, begraben, und nach einigen Wochen die Palmen bis zur Krone im Sande erstickt. Und die Gärten lohnen die unendliche Mühe und Geduld, die an sie verwandt wird, denn die Datteln des Soufgebietes gelten für die besten im ganzen Lande.

* * *

Wir hatten uns auch in El-Oued, just der Wissenschaft halber, dem einzigen dort bestehenden „Hotel" anvertraut, das klein und unansehnlich am Rande der Stadt im Schutze des ausgedehnten Festungsgebäudes liegt. Wurden von den Besitzern, einem französischen Ehepaar, freundlich aufgenommen und am ersten Tage sehr gut verpflegt. Wären wir gleich wieder abgereist, so hätten wir jedoch ein ganz falsches Bild von der Leistungsfähigkeit des Hauses mit uns genommen. Am zweiten Tage stellte es sich nämlich heraus, daß diese bereits zu Ende war. Unsere Wirte befanden sich in einer peinlichen Lage, denn in ganz El-Oued, einer Stadt mit 4000 Häusern, gibt es nichts zu kaufen. Alle Bedürfnisse an Nahrungsmitteln werden auf dem Markte gedeckt, der nur einmal in der Woche stattfindet. Auf diese Weise erlebten wir, wie in einem Hotel einmal Schmalhans als Küchenmeister fungierte.

Auch die Schlafstelle, die wir drei Damen im Gasthause selbst inne hatten — die Herren waren in einer Dunkelkammer im Nebenhause untergebracht — bot neue Sensationen. Man betrat die fensterlose Stube durch einen kleinen Vorraum direkt vom Hofe. Die Türe fehlte völlig, die Öffnung wurde durch einen Kattunvorhang, dem es an Breite und Länge mangelte, verhängt. Aber der Raum, der mit Urgroßväter Hausrat vollgestopft war und der, allem nach zu urteilen, sonst als Schlafstube für die Wirtsleute diente, zeigte einen besonderen Schmuck: protzige, wohlgenährte Skorpione. An der gewölbten, hell gestrichenen Zimmerdecke bildeten sie große dunkle Flecke. Da diese Dekoration durchaus nicht unserem Geschmack entsprach, baten wir die Wirtin, sie entfernen zu lassen. Doch da stießen

El-Oued

wir auf energischen Widerstand. Unter keinen Umständen durfte das geschehen. Diese Abneigung, für die die Frau keine Gründe angab, konnten wir uns nur damit erklären, daß irgendein Aberglaube dahinter steckte. Wir umwickelten uns Kopf und Gesicht mit einem Mullschleier und deckten uns bis zur Nasenspitze zu. Und so gegen die Angriffe unserer ungebetenen Mitbewohner gewappnet, überließen wir uns dem Schlaf der Gerechten.

Am Morgen des dritten Tages erlösten wir die armen Wirte von unserer Gegenwart.

Unseren prächtigen Nomaden und den Mann mit den beiden Kamelen hatten wir entlassen. Jussuf konnte nun wieder allein die Führung übernehmen.

Noch immer befanden wir uns im Dünengebiet. Aber die Dünen fielen jetzt sozusagen auseinander. Es herrschte nicht mehr die faszinierende Harmonie der großen Linie.

Ein frischer Morgenwind trieb sein lustiges Spiel auf dem Sande, zeichnete phantastische Muster in das eindrucksfähige Material, löschte sie aus und ließ im Nu wieder neue entstehen. Aber neben diesen Augenblicksbildern formt er aus demselben staubfeinen Boden in unablässiger Arbeit auch dauerhaftere Kunstwerke, festgefügte Blumenformen, von den Eingeborenen „die Rosen der Wüste" genannt. Farb- und geruchlos sind diese Rosen, aber sie schmücken doch den armen Boden, dem jedes Wachstum versagt ist. Fast scheint es, als ob dem windigen Künstler nicht alles Material gleich genehm sei, denn nur auf einer verhältnismäßig kurzen Strecke fanden wir diese reizvollen Gebilde.

* * *

Gegen Mittag erreichten wir Gomar, das gerade seinen Markttag hatte, und auch hier fanden wir wieder dasselbe bunte, stets von neuem fesselnde, malerische Bild. Aber die Stadt selbst, welch ein Gegensatz zu El-Oued! Wie düster und unfreundlich, ja beinahe feindselig wirkt sie, trotzdem dieselbe strahlende Sonne darüber liegt! Die schmale Gasse, die wir passieren mußten, nachdem wir alle Hindernisse des

Marktplatzes glücklich überwunden hatten, war rechts und links von Burnusträgern gesäumt. Aber keiner von ihnen wandte auch nur den Kopf nach uns, und keiner von ihnen rührte ein Glied, um sich gegen den Hufschlag der Pferde zu schützen. War es Abneigung gegen das Fremde, war es bloße Teilnahmlosigkeit, die solches Verhalten bestimmte? In den ernsten verschlossenen Gesichtern war keine Aufklärung zu holen.

Nach dem anderen Ende der Stadt zu ebbte das Leben immer mehr ab, aber selbst bis in die außerhalb gelegene Bordj drang noch etwas von der Unruhe des Tages.

Häufiger als irgend sonstwo auf der ganzen Reise fanden wir in der Nähe von Gomar den alten, primitiven arabischen Brunnen, Khotra genannt. Auf zwei niedrigen Pfosten ist ein Querbalken festgemacht und über diesen der Stamm eines Palmbaumes gelegt. An dem einen Ende dieses Stammes hängt ein Eimer, aus Fell gearbeitet, an dem anderen Ende ist ein schwerer Stein angebracht, um das Gleichgewicht herzustellen. Das Wasser muß oft aus sechzig Meter, an manchen Orten im Tale des Oued Rir sogar aus achtzig Meter Tiefe heraufgeholt werden. Der Bau dieser Brunnen, noch häufiger aber die Reparaturarbeiten, die durch das Versanden nötig werden, haben schon vielen Männern Gesundheit und das Leben gekostet. Diese primitive Art der Wassergewinnung ist jedoch immer mehr in Wegfall gekommen, seitdem durch die Franzosen die artesischen Brunnen eingeführt wurden, die soviel besser und zuverlässiger funktionieren, und die früher stattliche Zunft der eingeborenen Brunnenbauer ist heute bis auf ein kleines Häuflein zusammengeschmolzen.

Das ziemlich öde, immer noch tief sandige Gelände, das uns hinter Gomar aufnahm, wirkte so ermüdend, daß uns die siebzehn Kilometer bis zur Quelle Bir Salem, an der wir übernachten wollten, wie eine Unendlichkeit erschienen. Und dort erwartete uns eine äußerst unangenehme Überraschung: die Quelle war völlig versandet und kein Tropfen Wasser erhältlich.

* * *

Ob den Tieren doch noch etwas von der gewaltigen Anstrengung, die der Marsch über die großen Dünen bedeutete, in den Gliedern steckte? Fast schien es so. Denn im Laufe des nächsten Vormittags brachte es die Karawane nicht über fünf bis sechs Kilometer in der Stunde. Unsere allzeit willigen Pferde, mit den Muskeln aus Stahl, ließen ebenfalls ihre gewöhnliche Frische vermissen. Negro, dem sonst nur in Gesellschaft wohl war, blieb immer weiter zurück, und „Schäfchen", das sich seit dem Zornesausbruch in Sidi Amran wieder tadellos benommen hatte, zeigte klar und deutlich seine Unzufriedenheit, indem es sich mitsamt seinem Reiter in den Sand legte und erst nach einer ganzen Weile sich zum Weitergehen entschloß.

Wir zählten die Viertelstunden, bis wir in der Mittagszeit die Bordj Bou Chaama erreichten. Hier gab es Wasser. Das mußte die durstenden Tiere wieder beleben. Aber eines nach dem anderen zog nach dem ersten Schluck den Kopf zurück und war nicht zum Weitertrinken zu bewegen. Die ohnehin nicht allzu klare Flüssigkeit war so salzig, daß weder Mensch noch Tier davon genießen konnten. Zum Glück hatten wir in El-Oued gutes Trinkwasser gefunden und volle Fäßchen von dort mitgebracht, aus denen wir nun die Guerba der Kabylen auffüllten. Es tat einem in der Seele weh, die halbverschmachteten Tiere wieder auf den Weiterweg zu senden. Um so mehr, als wir genau wußten, in den nächsten vierundzwanzig Stunden keinen anderen Brunnen auf dem Wege zu finden. Aber was half's? Ein Zurück gab es nicht.

Und leider wurden die Beschwerden des Marsches noch erhöht durch den grundlosen Sandboden. Mit seinen niedrigen, unregelmäßigen Erhöhungen glich er einer schlechten Kopie der großen Dünen. Auch auf dieser Strecke, wo jeder Windstoß die Fährte verwischt, ist es allein die Guemira, die dem Wanderer als Richtzeichen dient.

Zwischen der neunten und zehnten Pyramide schlugen wir unser Lager auf. Da wir mit Rücksicht auf die ermatteten Tiere schon frühzeitig den Marsch beendeten, lag ein langer Abend vor uns. Zum Schutze gegen die Kälte, die sich jetzt noch empfindlicher als im Anfang der Reise fühlbar machte, wurde vor dem offenen Speisezelt ein tüchtiges Feuer unterhalten. Wie behaglich es sich da saß, plauderte, träumte! Mit dem Burnus, den wir adoptiert und bereits als eines der praktischsten Kleidungsstücke schätzen gelernt hatten, schien auch etwas von der Natur des Muselmans auf uns übergegangen zu sein. Die nüchternen Klosterzellen, die uns in Tugurt beherbergt hatten, die öden Schlafräume in den Karawansereien, die Dunkelkammer in El-Oued, wie weit lag das alles schon wieder hinter uns! Aber die Erinnerung daran ließ uns die Gegenwart noch bewußter genießen.

Es war ein selten stimmungsvoller Abend. Die Leute, die trotz des ungewöhnlich anstrengenden Marsches und trotz ihrer primitiven Ernährung in bester Verfassung waren, fanden selbst Freude daran, uns ihre eigenartigen Gesänge vorzutragen, jene süßen, aufreizenden, traurigen Lieder, die so vorzüglich den Charakter des naiven, heißblütigen, verträumten Volkes wiedergeben. Und zum Schluß führten sie, aller Mühsal des Tages vergessend, sogar noch einen ihrer absonderlichen religiösen Tänze auf. Ein älterer Kabyle befestigte sich mit einem Bande den Burnus in der Taille, so daß er einer Tunika glich. Die flache hölzerne Kuskusschüssel diente ihm als Tamburin. Muhamed und ein anderer junger Mann faßten sich bei der Hand, und zu dem Takte eines Couplets machten sie mit einem schwunghaften Anstoß, der an die Bauchbewegung im Cakewalk erinnerte, einige kurze Schritte vorwärts auf den Alten zu und wieder zurück. Mit jedem Vers wiederholten sich dieselben Schritte. Der Alte hüpfte und sprang und hämmerte auf seinem improvisierten Tamburin, während alle übrigen Leute mit untergeschlagenen Beinen im Kreise saßen, nach jedem Vers den Refrain wiederholten und dazu den Takt mit den Händen schlugen. Bis der Tanz dann mitten im schnellen Rhythmus abrupt endete.

Über uns den tiefblauen Nachthimmel mit einem Sternengefunkel, wie es nur südliche Nächte zeigen, um uns die

große Einsamkeit mit ihrem schweren Schweigen, vor uns von den flackernden Flammen beleuchtet, gespenstisch wirkend in ihren faltenreichen weißen Umhüllungen, die seltsamen Tänzer und die singenden Menschen. Ein unvergeßlicher Gesamteindruck!
Der Vorgang hatte, ohne unser Wissen, noch einen Zuschauer gehabt. Auf der Grenze, wo der helle Schein des Feuers schon mit der Finsternis stritt, kauerte ein Nomade. Lautlos hatte er im Schatten der Nacht sich eingefunden. Neben ihm lag ein ungeheures dunkles Etwas, sein Kamel, sein Kamerad.

* * *

Es dauerte nicht allzulange, bis wir am nächsten Morgen die beiden Wanderer überholten, obwohl sie stundenlang vor uns aufgebrochen waren. Das wunderte uns nicht. Denn ein Kamel, das nicht getrieben oder geführt wird, strebt jedem Grasbüschel nach, den es entdeckt. Sein Meister schreitet inzwischen fürbaß. Wird die Entfernung zu groß, so wartet er geduldig, bis der saumselige Gefährte sich wieder einfindet.
Jussuf, der mit dem Manne gesprochen hatte, erzählte uns, daß dieser bereits über zwei Monate unterwegs sei. In dieser ganzen Zeit war der Himmel sein Dach, die blanke Erde seine Liegestatt, ein paar trockene Datteln seine Nahrung, das stumme Tier sein alleiniger Begleiter. Nur wer die Wüste so tief und ehrlich liebt wie der Nomade, nur wer mit der Natur so völlig verwachsen ist wie er, ist imstande, ein solches Dasein zu ertragen. Schon nach kurzer Zeit waren die zwei einsamen Gestalten weit hinter uns zurückgeblieben.
In der welligen Ebene tauchte nun allmählich wieder etwas Pflanzenleben auf. Niedrige Sträucher mit verkrümmten Ästen, denen man den unaufhörlichen Kampf um das bißchen Leben deutlich ansah, und graugrüne Grasbüschel, hinter denen sich der Sand so lange anhäuft, bis er sie eines Tages unter sich begraben kann.

Dann überquerten wir einen großen Schott. Die Oberfläche des sumpfigen Bodens war durch die glühenden Sonnenstrahlen zu einer Kruste festgebacken. Unheimlich hohl klang das Getrappel der Tiere auf dieser trügerischen Decke. Zahlreiche Fußspuren, die kein Wind verlöschen konnte, waren darin ausgeprägt. Aber noch deutlicher als diese Spuren verrieten die weißgebleichten Gerippe von Kamelen, die am Wege verendet waren, daß wir uns auf einer alten, vielbegangenen Karawanenstraße befanden.

Hinter dem Schott erwartete uns zu unserer großen Überraschung noch einmal eine grandiose Dünenregion. Blendendweiß, wie ein Schneegefilde im Hochgebirge, gleißten die Hügel unter den senkrechten Strahlen der Mittagssonne. Und als wir aus diesem Gebiet herauskamen, lag breit und wuchtig die Bordj Sifl-Monadi vor uns. Hier, endlich, gab es wieder Wasser! Das bedeutete Rettung für unsere völlig erschöpften Tiere, die nun seit achtundvierzig Stunden bei schwerer Arbeit unter sengendem Sonnenbrand keinen Tropfen mehr genossen hatten.

* * *

Während unsere wackeren Vierfüßler unter Wassermangel litten, war bei uns mittlerweile die Ernährungsfrage etwas schwierig geworden. Es konnte nun nicht mehr heißen: „Was wollen wir essen?" sondern: „Was haben wir noch zu essen?" Im Anfang der Reise waren wir sehr gut versorgt gewesen. Zum Mittag gab es meist ein Eiergericht mit irgendeiner kalten Beilage, außerdem Obst und Käse, und unsere Hauptmahlzeit, die wir erst des Abends einnahmen, bestand gewöhnlich aus einer Suppe, einem Fleischgericht mit frischem Gemüse und Dessert. Nach Jussufs Ansicht für Wüstenreisende ein viel zu üppiges Leben.

Aber diese Üppigkeit fand bald ein Ende. Wir hatten damit gerechnet, in Tugurt unsere Vorräte ergänzen zu können. Das war nun leider nicht der Fall gewesen. Weder Kartoffeln, noch Salat, noch Obst oder Geflügel waren erhältlich. Das einzige, was man bekommen konnte, waren

Marktplatz in El-Oued

Mohrrüben und Hammelfleisch. Das Fleisch, das einen ziemlich prägnanten Geschmack hatte, mochte keiner von uns mehr sehen, und die gelben Rüben wurden beim Kochen hart wie Holz und waren ungenießbar. Auch nach Eiern hatte sich Jussuf in Tugurt vergeblich umgesehen. Doch gelang es ihm, in Temacine einen größeren Vorrat davon einzukaufen. Außerdem hatten wir im Hotel noch einiges Büchsengemüse erstanden. So waren wir also, sobald wir Tugurt verließen, auf vegetarische Kost angewiesen.

Dann hatten wir unsere Hoffnungen auf El-Oued gesetzt, wo nach Jussufs Ansicht alles, was wir wollten, bestimmt zu haben war. Aber wie so häufig war auch in diesem Falle „der Wunsch der Vater des Gedankens" gewesen. Wie wenig die Wirklichkeit den Erwartungen entsprach, läßt sich daran beurteilen, daß es nicht einmal den alteingesessenen Gasthausbesitzern gelang, irgend etwas für einen europäischen Mittagstisch aufzutreiben. Auch in Gomar war trotz des Markttages nichts zu erhalten. Nur einige große Hammelstücke für den Kuskus der Kabylen brachte Jussuf zurück.

Nun hieß es für uns praktisch und haushälterisch sein, um mit dem Vorhandenen auszukommen und in die Reis-, Grieß- und Nudelgerichte, aus denen jetzt unsere Mahlzeiten ausschließlich bestanden, noch etwas Abwechslung zu bringen. Die Eier wurden gezählt und für bestimmte Tage eingeteilt. Ebenso die Orangen, die wir auf dieser Reise als das erfrischendste Genußmittel schätzen gelernt hatten. Was wir fast am meisten vermißten, war das französische Brot. Der Bäcker in El-Oued, der solches zu liefern versprochen, hatte uns im Stiche gelassen, und das stark gesäuerte arabische Brot, das er statt dessen schickte, dürfte wohl keinem Europäer munden.

Die einfachen und bescheidenen Mahlzeiten hätten uns jedoch völlig genügt, wären sie nur einigermaßen richtig zubereitet gewesen. Aber mit unserem Koch, dem kleinen Salem, war seit unserem Aufenthalt in Tugurt eine merkwürdige Veränderung vor sich gegangen. Eine der dunkeläugigen Ouled Naïls hatte es ihm angetan. Mit jedem Tage, der ihn weiter von ihr entfernte, wurde er schwermütiger, und über seiner Melancholie vergaß er völlig seiner Pflichten. Das Essen war entweder nicht gar gekocht oder es war angebrannt. Manchmal auch beides. Machte man ihm Vorhaltungen, so wurde er noch viel unglücklicher und infolgedessen noch unfähiger für seine Arbeit.

An diesem Tage nun, in der Bordj Sifl-Monadi, schien den armen Kerl das graue Elend vollends gepackt und überwältigt zu haben. Als wir nach ihm Umschau hielten, fanden wir ihn untätig in einer Ecke hockend, und dicke Tränen rollten über sein kleines, bekümmertes Spitzmausgesicht.

Kurz entschlossen nahmen wir nun das Küchenregime in eigene Hand. Von dem Bordjwächter in Gomar hatten wir für Geld und viele gute Worte ein junges Huhn erstanden. Dieses sollte, fein mit Reis gekocht, als erste Probe unseres Könnens den Mittagstisch zieren. Aber das Huhn rächte sich für seinen vorzeitigen Tod: es war so zähe, daß weder Messer noch Zähne es zerteilen konnten. Das übrige Produkt unserer Kochkunst, der Reis, der endlich einmal gar und nicht angebrannt war, mundete aber vorzüglich. Im großen, üppigen Garten der Bordj wurde der Tisch gedeckt, und während der Magen zu seinem Rechte kam, feierten zu gleicher Zeit die angestrengten Augen im grünen, dämmerigen Schatten einiger dichtverschlungenen Feigenbäume ein köstliches Erholungsfest.

*   *   *

Bald hinter Sifl-Monadi beginnt das ungeheure Sumpfgebiet. Zur Linken gegen Westen, mit den zahlreichen Oasen des Oued Rir als kaum erkennbare Grenze, dehnt sich der Schott Merouan, im Osten weitet sich der unübersehbare Melrir, der die Sümpfe von Djerid vereinigt. Ein schmaler, durch unablässige Nachhilfe im Stande gehaltener Weg führt durch dieses heimtückische Gelände, wo weder Tier noch Pflanze lebt, in dem als unbeschränkter Herrscher

Bordj Sife-Monadi

der Tod regiert. Der Tod, versteckt unter gleißendem Gewande.

Den Boden von vertrockneter Blutfarbe deckt ein duftiger weißer Schleier, in dem Milliarden bunter Edelsteine und Diamanten aufleuchten. Und weiter entfernt schimmern spiegelblanke Seen, erheben sich Städte mit schlanken Minaretts, streicheln Palmenwipfel den sich neigenden Horizont.

Aber die leuchtenden Steine sind nichts weiter als Mineralien und chemikalische Stoffe, von dem gärenden Schlamme ausgestoßen, und die Landschaftsbilder nichts anderes als von der Sonne überhitzte Dünste, die demselben Boden entstiegen. Lug und Trug ist alles, was hier lacht und strahlt, und echt ist nur der Tod, der den abgrundlosen Boden gefangenhält, aus dessen Poren der widerliche Atem der Verwesung strömt.

* * *

Stah-el-Hamreia! Klingt nicht der Name schon schmeichlerisch ins Ohr? Und dieser Name ruft die Erinnerung an eines der schönsten Bilder wach, die uns die Wüste bescherte.

Inmitten der unermeßlichen Niederung, inmitten der treulosen, mörderischen Schotts thront auf einem nackten Hügel Stah-el-Hamreia. Der abendliche Himmel, einem glühenden Ozean gleich, bildete den Hintergrund, und wie ein unüberwindliches Götterheim strahlte die Bordj in dieser Beleuchtung. War es Walhall, das vor uns aufstieg?

Und hatte unser Eindringen den Zorn der Götter entfacht? Fast schien es so. Denn dem überwältigend schönen Abend folgte eine grausige Nacht. Über die toten Sümpfe kam mit ungeahnter Plötzlichkeit und in ungehemmter Macht der Sturm dahergerast. Noch ehe die Leute recht zur Besinnung gelangten, waren einige Zelte umgerissen und verweht, und es bedurfte fortgesetzter Anstrengungen, um die übrigen vor demselben Schicksal zu bewahren. Durch die beklemmende Finsternis drang das Stöhnen der verängstigten Tiere. Sand und Steine prasselten nieder wie ein Platzregen.

Und eine quälende Kälte hatte sich eingestellt. Welch ein Land der Extreme!
Einige Stunden später endete der wilde Aufruhr in der Natur so plötzlich und unerwartet, wie er gekommen war. Und als in goldener Klarheit der neue Tag heraufstieg, erinnerten nur noch die verwehten Zelte und die Unordnung im Lager an die Geschehnisse der düsteren Nacht.

* * *

Noch immer führte unser Weg durch das Gebiet der Schotts. Aber diese trugen nun ein völlig anderes Gepräge. Weite Sandflächen schoben sich zwischen die sumpfige Ebene, und die überraschendsten Formationen bezeichneten die Grenze, die der feste Boden dem Gegner gesteckt hat. Man war beinahe versucht, zu glauben, daß Menschenkunst und Menschenhände mitgeholfen hätten, um hier einen mächtigen Damm zu bauen, der vorwärtsdrängende Fluten zurückhalten solle, dort einen mit Leuchttürmen flankierten Hafeneingang und an anderer Stelle wieder eine gewaltige Mole, die weit hinausführte in die silbrig-graue See, die nun weder Ebbe noch Flut mehr bewegte, deren Leben vor ungezählten Jahrtausenden erloschen ist.

Der Morgen hielt nicht, was er in den ersten Stunden versprochen hatte. Ein kräftiger Wind erhob sich wieder, Sandböen stellten sich ein und verdichteten die Atmosphäre. In dem grauen Dunste tauchte eine Karawane auf. Eines der Kamele trug eine Braut. Die Ausschmückung des Tieres und der buntfarbige Palankin, der nur für solch festliche Gelegenheiten benutzt wird, verrieten das Geheimnis. Wenige Sekunden später war die phantastische Gruppe wieder hinter der Nebelwand verschwunden. Wie eine Illusion kam und ging das Bild.

* * *

Gegen Mittag erreichten wir die Bordj M'guébra. „Friedhof" bedeutet dieser Name, und trist, wie er klingt, bezeichnet er die Stimmung des Ortes. Nur mit großer Mühe arbeiteten

Markthalle in El-Oued

sich die Tiere hinauf zur Bordj, die, obwohl auf einer hohen Düne gelegen, doch nahezu bis zur Höhe der Mauern versandet war.

Mit M'guébra ließen wir zugleich die Region der Schotts hinter uns. Nun tauchten in blauer Ferne wieder die schroffen Zacken des Auresgebirges auf, und vor uns dehnte sich, in krassem Gegensatze zu der melancholischen Leblosigkeit des Sumpfgebiets, ein üppiggrünes Gefilde. Saftige Gräser nickten, Ginster und Brustbeere standen im blütengeschmückten Frühlingsgewand, niedrige Sträucher mit nadelförmigen Blättern strotzten von jungem Safte, und unter den Büschen lugten weiße und gelbe Sternblümchen und die violette Iris mit neugierigen Augen hervor. Ein würziges Aroma lag in der Luft, Vogelstimmen jubelten in der Höhe und zwitscherten in ihrem grünen Versteck, Schmetterlinge taumelten wie berauscht von Blatt zu Blüte. Leben! Leben überall! Frühlingszeit, hohe Zeit, der die sengenden Sonnenstrahlen nur allzuschnell ein Ende bereiten.

* * *

Am Abend befanden wir uns auf schon vertrautem Boden, in Chegga. Da der Rest des Weges durch dasselbe Gebiet führte, das wir bereits im Anfang unserer Reise kennen lernten, wurde beschlossen, auf diese Strecke nicht mehr viel Zeit zu verwenden, sondern sie, wenn irgend möglich, an einem Tage zurückzulegen.

So begann denn, noch ehe der nächste Morgen graute, in unserem Lager ein reges Schaffen. Zum letzten Male wurde der „Hausrat" in Kisten und Körbe verpackt. Mit Wehmut sahen wir die Zelte sinken, die in diesen Wochen unser Heim bedeutet und uns nun zum letztenmal beherbergt hatten.

Gerade als die letzten Vorbereitungen zum Aufbruch getroffen wurden, tauchte eine Anzahl berittener Kamele auf. „Die Méharis!*) Die Méharis!" riefen verschiedene

---

*) Méhari — Reitkamel.

Stimmen zu gleicher Zeit. Alle unsere Leute gerieten in Aufregung. Wir sahen Jussuf, rufend und gestikulierend, auf die Gruppe zueilen. Daraufhin schwenkte diese von ihrer Richtung ab und befand sich wenige Minuten später in unserem Lager. Wir hatten nun vorzügliche Gelegenheit, die Tiere zu betrachten, von deren erstaunlichen Leistungen wir häufig hörten. Welch ein Unterschied zwischen den armen Lastkamelen, denen wir bis jetzt nur begegnet waren, und diesen ihren nahen Verwandten! Jene plump von Form, schwerfällig, meist starrend vor Schmutz, das Fell räudig und zerschunden, oder des vielen Ungeziefers wegen mit Teer beschmiert; diese größer, dabei aber schlanker im Bau, viel beweglicher, mit feinem Kopf und lebhaften, intelligenten Augen. Das weiche Wollkleid, hell beigefarben, in tadellosem Zustande. Wirklich eine vornehme Sippschaft! Nur im Süden züchtet man diese Rasse.

Alljährlich im Frühjahr findet ein Wettrennen der Méharis von Tugurt nach Biskra statt. Sie legen die Entfernung von 210 Kilometern in etwa vierzehn bis fünfzehn Stunden zurück, ohne unterwegs Nahrung oder Wasser zu sich zu nehmen, ohne auch nur einen Moment zu rasten. Ein glänzendes Zeugnis für ihre Schnelligkeit, Ausdauer und Anspruchslosigkeit.

Das Rennen hatte gerade wieder stattgefunden und die Teilnehmer waren nun auf dem Heimweg begriffen. Man zeigte uns den Sieger, ein prachtvolles Tier, das den ersten Preis schon wiederholt gewonnen hatte. Und gewaltig hochnäsig, von seinem Werte völlig überzeugt, blickte es auf seine Kameraden herab.

Immer hört man nur die Leistungen des Tieres rühmen. Aber verdient der Reiter nicht ebensoviel Beachtung und Bewunderung? Zwar ist der Sattel, in dem er sitzt, mit seiner Rückenlehne und dem kreuzförmigen Halt für die Hände fast so bequem wie ein Stuhl, seine Füße können ungezwungen auf dem Halse des Tieres ruhen, und auch die Führung des Kamels, die mit einer dünnen, durch die künstlich durchlochte Nase gezogenen Kamelhaarkordel ge-

Die Méharis

schieht, verlangt weiter keine Kraftentfaltung. Doch vierzehn bis fünfzehn Stunden ununterbrochen auf einem Kamel auszuhalten, stundenlang ohne Pause zu galoppieren, ohne eine andere Erfrischung in der ganzen Zeit zu haben, als ein paar trockene Datteln, verrät zweifellos ebenfalls eine ungewöhnliche Leistungsfähigkeit und Mäßigkeit und ist wohl nicht minderer Anerkennung wert.

Den geschmeidigen Reitern machte es offenbar Vergnügen, uns eine Probe von dem Können ihrer Tiere zu geben, denn abschiednehmend, mit der Hand an die Stirne gelegt, dem Gruß des Arabers, jagten sie in hellem Galopp davon.

Während sie immer tiefer in das Herz der Wüste hineineilten, machten wir uns in bedeutend langsamerem Tempo in entgegengesetzter Richtung auf den Weg.

Wieder rasteten wir in Bou-Saada, wo uns der riesenhafte Neger mit großer Freude wie gute alte Bekannte begrüßte.

Es war ein unsagbar heißer Tag. Die Luft stand reglos. Bleiern dehnte sich der Himmel. Die Erde briet förmlich. Einer unserer Kabylen war der Hitze bereits zum Opfer gefallen, und wir mußten ihn in der Obhut und Pflege des schwarzen Bordjwächters zurücklassen.

Eine Strecke hinter Bou-Saada trennten wir uns von dem Rest der Karawane, da wir mit unseren Pferden bedeutend schneller vorwärts kommen konnten. Die braven Tiere leisteten fast Unmögliches. Der Grauschimmel taumelte zwar manchmal wie betrunken, und „Schäfchen" stöhnte von Zeit zu Zeit auf wie ein Mensch unter einer schweren Last. Doch sie hielten aus. Diese kleinen arabischen Hengste besitzen Stolz und Willigkeit, und — die Nähe der heimatlichen Krippe tat wohl das übrige.

Immer deutlicher entwickelten sich zur Rechten die uns vertrauten Oasen: Sidi Okba, Chetma, Filiach, und vor uns wuchs Biskras Palmenwald mehr und mehr in die Höhe. Aber er wuchs viel zu langsam für unsere Wünsche. Wir hatten die ungeheure Anstrengung, die der Ritt in solch infernalischer Hitze bedeutete, gehörig unterschätzt und mußten nun fürchten, mit unseren Kräften zu Ende zu sein, noch ehe wir am Ziele angelangt waren. Aber wir schafften es schließlich doch und erreichten die Oase gerade, als die Farbenglut der scheidenden Sonne sie wie allabendlich tausendfach verschönte.

Auch hier hatte während unserer Abwesenheit der Frühling seinen Einzug gehalten. Wo wir beim Antritt unserer Reise nur kahle Flächen gesehen hatten, dehnten sich jetzt saftige Gerstenfelder, ganze Strecken waren mit leuchtenden Margueriten bestickt, in den stillen Gärten von Alt-Biskra war ein verschwenderisches Grünen und Blühen, und süße Wohlgerüche schwebten in der Luft.

Die Nachricht unseres Kommens war uns wieder auf unerklärliche Weise vorausgeeilt. Als wir vor unserem Hotel anlangten, stand man schon zu unserer Begrüßung bereit, und wir wurden mit einer Freude und einer Aufregung empfangen, als ob wir von einer langen, gefährlichen Entdeckungsreise zurückgekehrt wären. Unsere äußerliche Erscheinung konnte dies allerdings auch vortäuschen. Aber die Segnungen der modernen Kultur, die wir sofort gründlich auskosteten, brachten es zuwege, daß wir schon einige Stunden später wieder völlig zivilisiert aussahen. Nur unsere afrikanische Gesichtsfarbe hatte dagegen Stand gehalten.

Spät am Abend, es ging bereits auf elf, traf noch die Karawane ein. Sie wollte in ihrer Leistung nicht zurückstehen, und „die Krippe" hatte wohl auch in diesem Falle wie ein Magnet gezogen.

Am nächsten Nachmittag wurde draußen unter den duftenden Büschen von Beni-Mora, wo die Reise eigentlich begonnen hatte, auch die Rückkehr festlich begangen. Jussuf hatte ein Zelt für uns errichtet und alles für einen Five o'clock tea arrangiert. Auf einem freien Platze vor dem Zelt saßen die Kabylen, wie immer ernst und schweigend, um eine große Kohlenglut. Über dieser Glut schmorte ein junger Hammel, den Jussuf erst wenige Stunden vorher auf dem Markt eingekauft hatte. Einer der Leute drehte den Spieß, ein anderer goß das Fett auf den Braten. Mit Liebe und Sorgfalt versahen sie ihr Amt, bis der Hammel mit einer schönen

Moschee Oulad Amed in El-Oued

braunen Kruste versehen und zum Verspeisen fertig war. Ein Weilchen später existierte davon nichts mehr als die unverzehrbaren Knochen, und einer Riesenschüssel voll Kuskus war in der gleichen Zeit der Garaus gemacht worden.

So hatten wir den Leuten, die uns brav gedient, ein Fest nach ihrem Sinn gerichtet, und wir feierten nach unserer Sitte, indem wir am Abend einer Flasche Sekt den Hals brachen.

* * *

Mit der Sportswoche, die gewöhnlich Anfang April abgehalten wird, und die durch ihre Pferde- und Kamelrennen, mehr aber noch durch das große arabische Reiterfest, „Phantasia" genannt, Tausende von Fremden und Eingeborenen anzieht, schließt die Saison in Biskra. Im Laufe weniger Tage sind fast alle Besucher entflohen.

Nun trägt die Oase ein völlig anderes Gesicht. Sie hat das süße Lächeln abgelegt, das sie den fremden Gästen zu Gefallen einige Monate lang festgehalten, und zeigt jetzt ihre wahren Züge: ruhig, ernst, von einer herberen Schönheit, die mit dem Charakter des Landes und dessen Bewohnern so viel besser im Einklang steht. Wir liebten sie um dieser Wandlung willen noch mehr als zuvor.

Aber die Tage des Genießens waren jetzt auch für uns gezählt. Es hieß Abschied nehmen von dem Orte, der uns so viele neue, fremdartige, köstliche Eindrücke verschafft, Abschied nehmen von dem Lande, in dem wir, losgelöst von allen Mühen, Aufregungen und Kleinlichkeiten des Alltags, unvergeßliche Stunden berauschenden Nichtstuns verlebt hatten.

Jussuf, von Trennungsweh und dankbaren Gefühlen geplagt, wollte uns zum Abschied noch irgendeine Freude bereiten, und das gebar einen großen Entschluß in ihm. Auf dem Wege zur Bahn bat er uns, sein kleines, ärmliches Haus zu betreten, und dort zeigte er uns das Kostbarste, was er besaß: Nakhla, sein junges Weib. Und beim Himmel, das war eine Freude! Denn das Geschöpf war schön wie ein Traum.

Und wie ein Traum erscheint beinahe alles, was wir in jener Spanne Zeit erlebten. Die Schönheiten der Wüste, worin bestehen sie weiter als in Illusionen, Visionen! Auch ihre Wirklichkeiten — Grausamkeit und Schrecken — sind phantastisch in ihrer Größe. Und trotzdem, oder vielleicht gerade deshalb, reizt das Land, die Erinnerungen lassen eine fast quälende Sehnsucht wachsen, und am Ziele der Wünsche eines jeden, der die mysteriöse Seele der Wüste einmal kennen gelernt hat, steht wohl in großen Buchstaben geschrieben: „Zurück in das Land des Lichts!"

Nomadenlager in einer Oase

Inhalt

	Seite
Einleitung	7
An Bord des „Charles Roux"	9
Algier	11
Fatme	17
Durch die Kabylie	21
Von Michelet nach Bougie	37
Über Azazga nach Bougie	41
Von Bougie nach Setif	47
Biskra	57
Tugurt	112
Von Tugurt nach El-Oued	122

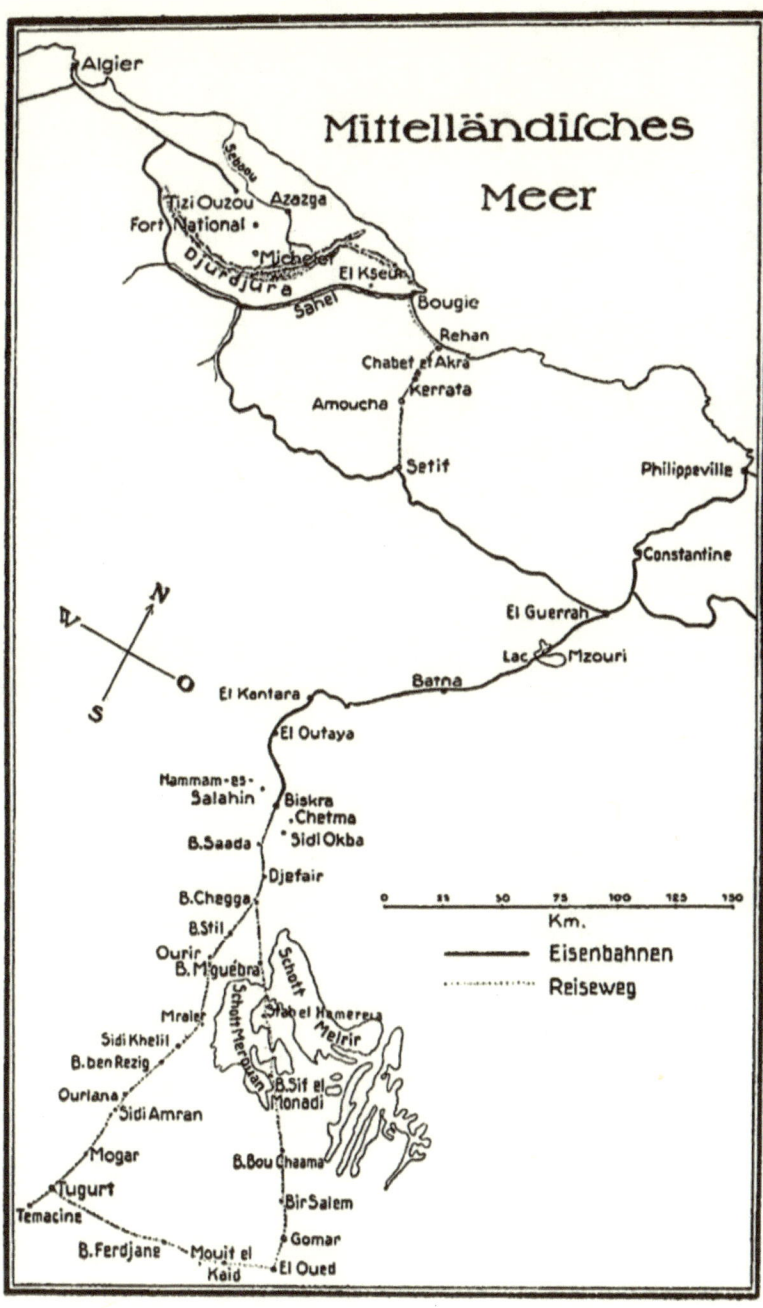

www.ingramcontent.com/pod-product-compliance
Lightning Source LLC
Chambersburg PA
CBHW021702230426
43668CB00008B/702